TaschenGuides – alles, was Sie wissen müssen

Für alle, die wenig Zeit haben und erfahren wollen, worauf es ankommt. Für Einsteiger und für Profis, die ihre Kenntnisse rasch auffrischen wollen. Sie sparen Zeit und können das Wissen effizient umsetzen:

- Kompetente Autoren erklären jedes Thema aktuell, leicht verständlich und praxisnah.
- In der Gliederung finden Sie die wichtigsten Fragen und Probleme aus der Praxis.
- Das übersichtliche Layout ermöglicht es Ihnen, sich rasch zu orientieren.
- „Schritt für Schritt"-Anleitungen, Checklisten und hilfreiche Tipps bieten Ihnen das nötige Werkzeug für Ihre tägliche Arbeit.

Als Schnelleinstieg ist der TaschenGuide auch die geeignete Arbeitsbasis für Gruppen in Organisationen und Betrieben.

Ihre Meinung interessiert uns!
Mailen Sie einfach unter online@haufe.de direkt an die TaschenGuide-Redaktion.

Wir freuen uns auf Ihre Anregungen.

Inhalt

Vorwort

Ob in Teams und Projekten, bei Mitarbeitern und Vorgesetzten, bei Kunden und Geschäftspartnern - wer hat nicht das Bedürfnis, souverän zu agieren, angemessene Anerkennung zu bekommen und seine eigenen Interessen zu verwirklichen – kurz, sich durchzusetzen? Aber wie?

Vielleicht haben Sie auch schon die Erfahrung gemacht, dass gute Ratschläge und simple Patentrezepte hier nicht greifen. Denn Durchsetzungsstärke ist eine Kombination aus vielschichtigen Kompetenzen, die Persönlichkeit, Kommunikationsfähigkeit und Auftreten gleichermaßen betreffen.

In diesem TaschenGuide lernen Sie Schritt für Schritt, wie Sie erstens konstruktive Einstellungen zu sich selbst und anderen entwickeln und Ihre Kräfte bündeln, wie Sie zweitens souverän kommunizieren und in Gesprächen strategisch vorgehen, wie Sie drittens sich gut verkaufen und Ihren Marktwert steigern. Damit sind Sie auf dem besten Weg zur Durchsetzung Ihrer persönlichen Ziele. Zahlreiche Checklisten und Übungen unterstützen Sie dabei.

Susanne Dölz

Noch ein Hinweis: Wenn von Gesprächspartnern, Mitarbeitern usw. die Rede ist, geschieht dies zugunsten der besseren Lesbarkeit und Textkürze. Selbstverständlich sind immer Männer und Frauen gleichermaßen angesprochen.

Das kleine Einmaleins für Ihre Durchsetzungs-fähigkeit

Was bedeutet es, sich durchzusetzen? Etwa, die Ellenbogen zu gebrauchen? Welche Eigenschaften und Fähigkeiten sind wichtig? Lernen Sie die 10 wichtigsten kennen und prüfen Sie Ihre eigene Durchsetzungsfähigkeit!

Gut sein alleine reicht nicht mehr

Sind Sie auch der Ansicht, dass fachliche Kompetenz und gute Arbeitsleistungen die Garantie für Ihren beruflichen Erfolg sind? Falsch! Denn immer mehr qualifizierte Fach- und Führungskräfte drängeln sich mit genau diesen „Zutaten" in der Arbeitswelt. Deshalb kommt es in Zukunft darauf an, sich im Gewusel der Mitbewerber durchzusetzen: durch souveränes Auftreten, gekonnte Kommunikation und gute Beziehungen zu anderen Menschen im beruflichen Umfeld. Erst dann haben Ihre fachlichen Qualitäten eine gute Chance, von anderen bemerkt und anerkannt zu werden.

Ob Sie nun als Angestellter arbeiten oder selbstständig sind: Sie sind gefordert, sich und Ihre Leistungen immer wieder in eine Gewinnerposition zu bringen – in wechselnden Teams und Projekten, bei neuen Vorgesetzten und Arbeitgebern, bei potenziellen Kunden und Geschäftspartnern.

Durchsetzungsfähigkeit: weder Wattebäuschchen noch Stacheldraht

Doch was ist dabei die beste Strategie? Immer-nett-sein bringt Sie ebenso wenig auf die Gewinnerseite wie unfaire Kampfhandlungen. Im ersten Fall nimmt man Sie und Ihre Belange nicht wirklich ernst (und Sie sich selbst auch nicht), im zweiten Fall müssen Sie mit Vergeltungsmaßnahmen der Unterlegenen rechnen.

Durchsetzungsfähigkeit bedeutet, die eigenen Interessen und Ziele zu kennen und angemessen zu verwirklichen. Im Idealfall, ohne die Qualität der sozialen Beziehungen nachhaltig zu beeinträchtigen. Ein Balanceakt, den Sie zwischen Abgrenzung von anderen und Kooperation mit anderen vollbringen müssen.

■ *Sich mit den eigenen Ideen, Talenten, Fähigkeiten und Zielen durchzusetzen, steigert nicht nur Ihre Wettbewerbsfähigkeit – es bringt Ihnen auch Spaß und Lebensfreude.* ■

Die 10 Kennzeichen persönlicher Durchsetzungsfähigkeit

Was sind nun Erfolg versprechende Faktoren für Ihre Durchsetzungskraft? Prüfen Sie anhand der Checkliste, wo Soll und Haben bei Ihrer Durchsetzungsfähigkeit liegen.

Checkliste: Die wichtigsten Faktoren für persönliche Durchsetzungsfähigkeit

Welche Merkmale treffen auf mich zu?	ja	nein	Kap.
1 Bin ich mir meiner eigenen Stärken bewusst?			2
2 Besitze ich eine positive Einstellung mir selbst und anderen gegenüber?			2
3 Habe ich eine Vision davon, was ich im Leben erreichen will?			2

Welche Merkmale treffen auf mich zu?	ja	nein	Kap.
4 Bin ich mir über meine Interessen und Ziele im Klaren?			2
5 Habe ich die Entscheidung getroffen, mich für meine Ziele und Interessen einzusetzen?			2
6 Verfüge ich über ein gutes Einfühlungsvermögen für die Bedürfnisse von anderen?			2 3
7 Verfüge ich über die kommunikativen Fähigkeiten, um meine Interessen angemessen ausdrücken und andere Menschen dafür gewinnen zu können?			3
8 Wirkt meine Selbstdarstellung klar und sicher?			3 4
9 Bin ich überdurchschnittlich vielen Menschen in meinem mittelbaren und unmittelbaren Berufsumfeld bekannt?			4
10 Kann ich im Bedarfsfall mit Unterstützung aus einem beruflichen Beziehungsnetzwerk rechnen?			4

Dieser TaschenGuide unterstützt Sie dabei, Ihre Durchsetzungsfähigkeit systematisch zu verbessern. Optimierungshilfen zu den einzelnen Faktoren erhalten Sie in dem angegebenen Oberkapitel.

So stärken Sie Ihre Persönlichkeit

Einer der wichtigsten Schritte auf dem Weg zu mehr Durchsetzungskraft: Entwickeln Sie den Mut, sich selbst, Ihre Leistungen und Stärken sowie Ihre Wünsche und Bedürfnisse anzuerkennen und Ihre Ziele klar zu formulieren.

Nehmen Sie sich ernst!

Der Ausgangspunkt für Ihre Durchsetzungskraft ist eine gesicherte Selbstachtung - sonst stehen Sie sich durch Hemmungen und Blockaden selbst im Weg.

Selbstachtung und Selbstwertgefühl zeigen sich in bestimmten Einstellungen, die sich auf Ihr Verhalten förderlich auswirken. Diese Einstellungen sind:

- sich als Mensch wertvoll fühlen mit dem Recht, eigene Interessen zu verwirklichen,
- sich selbst vertrauen, Ziele durch die eigenen Fähigkeiten und Potenziale erreichen und Schwierigkeiten meistern zu können,
- Glück und Erfolg für sich in Anspruch nehmen und genießen zu dürfen.

Mangelnde Selbstachtung führt zu Problemen, wenn Sie sich durchsetzen wollen. Je nach Situation entsteht eine innere Haltung der "Übersicherheit" oder "Untersicherheit".

Untersicherheit	Übersicherheit
führt zu Fluchttendenz: ▪ das Feld räumen ▪ sich selbst abwerten ▪ ängstlich sein ▪ eigene Interessen bagatellisieren ▪ eigene Interessen denen anderer unterordnen ▪ harmonisieren	führt zu Aggressionstendenz: ▪ andere dominieren und niederwalzen ▪ andere verletzen, beleidigen, abwerten ▪ egozentrisch sein ▪ überheblich sein ▪ ausschließlich eigene Interessen verfolgen

Mit diesen Haltungen sind Ihren Durchsetzungsbemühungen keine (dauerhaften) Erfolge beschieden! Schauen wir also, wie Sie Ihre Selbstachtung festigen und eine Haltung der konstruktiven Selbstbehauptung entwickeln können.

Sind Sie wichtig genug?

„Ich bin der wichtigste Mensch für mich!" Was denken und fühlen Sie, wenn Sie einen solchen Satz lesen? Die meisten reagieren verschämt, als hätte man sie bei etwas Verbotenem ertappt. Denn dieser Satz stellt alles auf den Kopf, was die meisten von uns seit ihrer Kindheit gelernt haben: Wir dürfen uns selbst nicht zu wichtig nehmen. Oder etwa doch?

Haben Sie auch schon als Kind gelernt, dass Sie die Interessen der anderen höher stellen sollten als Ihre eigenen? Das Urteil der anderen (besonders über Sie selbst) ernster nehmen als Ihr eigenes? Beliebte Aussagen: Was wird die Lehrerin / Tante Hilde sagen, was sollen die Nachbarn denken? Verbreitete Spruchweisheiten spiegeln diese Lehren aus der Kindheit wider: Eigenlob stinkt! Hochmut kommt vor dem Fall! Dummheit und Stolz wachsen auf dem gleichen Holz!

Echos aus der Kindheit

Den ersten Schritt zur Durchsetzungsfähigkeit machen Sie, wenn Sie sich und Ihre Bedürfnisse ernst nehmen. Doch gerade das fällt vielen schwer. Denn schwächende Botschaften aus der Kindheit wirken oft unbewusst bis ins Erwachsenenalter. Eltern, Großeltern, Lehrer und andere Bezugspersonen vermitteln sie verbal oder durch bestimmte Verhaltensweisen. Manche dieser Botschaften halten uns klein. Andere stellen unrealistisch hohe Ansprüche an uns, und wir fühlen uns wertlos, solange wir sie nicht erfüllen.

Beispiele für schwächende Botschaften, die klein machen

Sei nicht immer so vorlaut!
Du lernst das nie und nimmer!
Stell dich nicht immer so an.
Es wird gegessen, was auf den Tisch kommt.
Kinder, die was wollen, kriegen was auf die Bollen.
Gib mir bloß keine Gegenworte!
Sei still, wenn ein Erwachsener etwas sagt.
Stell dich nicht so in den Mittelpunkt.

Beispiele für schwächende Botschaften, die überfordern

Ein Indianer kennt keinen Schmerz.
Du bist doch die Große, sei vernünftiger als dein Bruder.
Sei ruhig und reiß dich zusammen, du schaffst das schon.
Bist du ein Junge oder ein Angsthase?
Du solltest immer besser sein als die anderen.
Man muss anderen immer helfen.

Übung: Was mich noch heute schwächt

Erinnern Sie sich, wie das war, wenn Sie als Kind Ihre Wünsche und Bedürfnisse durchsetzen wollten? Welche negativen Reaktionen wichtiger Bezugspersonen kommen Ihnen in den Sinn? Mit welcher zentralen Botschaft verknüpfen Sie diese Reaktionen? Schreiben Sie Ihren „Niedermacher" auf. Überlegen Sie: Wie haben Sie als Kind darauf reagiert, innerlich und äußerlich? Welche Ihrer heutigen Gefühle, Gedanken, Verhaltensweisen können Sie auf diese Botschaft zurückführen? (*nach Asgodom*)

Enttarnen Sie den faulen Zauber!

Kinder glauben, was die Erwachsenen sagen. Doch als Erwachsene sind Sie in der Lage, diese Botschaften als das zu enttarnen, was sie sind: destruktive Maßregeln und Vorschriften, die Ihrer Persönlichkeit, Ihren Eigenarten und Bedürfnissen nicht gerecht werden. Auch wenn manche davon sogar gut gemeint waren.

Treffen Sie eine Neuentscheidung für Ihr Erwachsenenleben: Entwickeln Sie Gegenbotschaften und Erlaubnissätze, die Ihre Gefühle, Wünsche und Interessen respektieren!

Beispiele für Gegenbotschaften und Erlaubnissätze

Ich bin in Ordnung, auch wenn ich Fehler mache.
Ich darf sagen, was mir wichtig ist.
Ich brauche nur das zu essen, was mir schmeckt.
Ich darf in meinem Tempo lernen und schaffe es.
Ich bin o.k., auch wenn ich mich schwach fühle.
Ich gebe mein Bestes, und ich bin gut, so wie ich bin.
Ich darf „nein" sagen.
Ich bin o.k., auch wenn andere mich nicht nett finden.

Übung: Meine Gegenbotschaften

Schauen Sie sich Ihre schwächende Botschaft an. Formulieren Sie sie um in eine positive Botschaft oder Erlaubnis. Achten Sie darauf, dass Ihre Gegenbotschaft keine negativ besetzten Wörter enthält, denn sonst konzentriert sich Ihr Unterbewusstsein auf genau diesen Aspekt (Beispiel: Statt „Ich habe keine Angst" sagen Sie also besser „Ich bin mutig, zuversichtlich, sicher" o. Ä.). Vermeiden Sie aus diesem Grund auch die Worte „nicht", „kein", „aber".

Nehmen Sie sich Zeit, bis Sie eine Ihnen angenehme Formulierung gefunden haben. Schreiben Sie Ihre Gegenbotschaft auf einen neuen Zettel und bewahren Sie ihn auf. Zerreißen Sie mit Entschiedenheit den Zettel mit der schwächenden Botschaft. Regisseur in Ihrem Leben sind nun Sie selbst!

Stehen Sie zu sich selbst!

Wenn Sie Ihre inneren Barrieren überwinden und sich durchsetzen wollen, müssen Sie von Ihrer eigenen Person und Ihren Qualitäten überzeugt sein. Zum einen wirkt sich diese Überzeugung auf Ihre Ausstrahlung aus, auf Ihre verbalen und körpersprachlichen Verhaltensweisen. Zum anderen fördern Sie damit Ihr Selbstwertgefühl und müssen sich nicht bereits vor sich selbst schämen, dass Sie Ihre Wünsche und Interessen für durchsetzungswert halten.

Spendieren Sie sich Anerkennung

Viele Menschen haben geradezu Angst, ihre eigenen Qualitäten und Stärken zu formulieren, geschweige denn vor anderen auszusprechen. Denn sie befürchten, als überheblich und arrogant zu gelten, egozentrisch zu sein, die Zuwendung der anderen zu verlieren und als Person abgelehnt zu werden. Deshalb machen sie sich lieber selber klein.

Beispiel: Kennen Sie ähnliche Reaktionen?

Sylvia Jäger, Firmenkundenbetreuerin einer Bank, hat einen neuen Großkunden an Land gezogen. Als ihr Vorgesetzter sie beim Meeting deswegen vor versammelter Runde lobt, wiegelt sie ab. „Dafür werde ich ja bezahlt, das ist doch nichts Besonderes", meint sie bescheiden lächelnd, während sie mit ihrem Blick den vor ihr liegenden Ordner hypnotisiert. „Außerdem habe ich diesmal Glück gehabt."

Immerhin geht sie zur Feier des Tages mit ihrer Freundin Melanie schick essen. „Tolles Kostüm!", bewundert Melanie Sylvias Ausgehoutfit. „Hast Du Dir das von der Provision geleistet?" „Das hab ich schon länger, war gar nicht so teuer.", antwortet Sylvia.

Doch die Verkleinerungstaktik rächt sich irgendwann. Kein Mensch hat wirklich Lust, sich auf Dauer als graue Maus zu verkleiden und auf den Glanz persönlicher Erfolge zu verzichten. Wenn Sie das natürliche Bedürfnis nach Anerkennung der eigenen Person, Ihrer Fähigkeiten und Leistungen nicht offen ausleben, geht es in den Untergrund. Es versucht dann, auf indirektem Weg zu ernten, was ihm zusteht. Möglicherweise werden Sie dann wirklich unausstehlich, unkollegial, intrigant. Warum sollten Sie auch anderen Sahnetorte gönnen, wenn Sie selbst auf Zwangsdiät sind?

Wenn Sie sich also mit einer Haltung der konstruktiven Selbstbehauptung durchsetzen wollen, müssen Sie sich erst einmal selbst anerkennen! Nur dann können Sie Ihre schwächeren Seiten akzeptieren: „Ich bin o.k., so wie ich bin!"

Übung: Ich bin gut!

Konkretisieren Sie Ihr persönliches Stärken-Profil – denn Eigenlob stinkt nicht! Denken Sie an alle positiven Dinge, die Sie im Leben erreicht, an alle Schwierigkeiten, die Sie gemeistert haben. Welche persönlichen Qualitäten haben Ihnen dabei geholfen? Schreiben Sie eine Liste, mit der Sie sich immer wieder daran erinnern können!

Beispiel: Persönliche Anerkennungsliste

Positives in meinem Leben	Mein Beitrag dazu
Ich habe 3 Jahre im Schulorchester mitgespielt und viele öffentliche Auftritte absolviert.	Ich bin musikalisch, kann gut mit anderen zusammenarbeiten, bin mutig beim Auftreten vor anderen.
Ich habe Schule und Ausbildung mit guten Noten abgeschlossen.	Ich bin zielorientiert und kann mich selber motivieren.
Ich habe enge Freunde, die mich mögen.	Ich bin ein liebenswerter Mensch, bin offen und kann gut zuhören.
Ich habe ein gutes Familienleben.	Ich kann Liebe geben und nehmen. Ich nehme mir Zeit für gemeinsame Aktivitäten. Wenn es Probleme gibt, habe ich ein offenes Ohr.
Ich bin innerlich meistens ausgeglichen.	Ich sorge dafür, dass ich selbst nicht zu kurz komme.

Machen Sie sich Ihre Wünsche und Bedürfnisse bewusst

Wenn Sie sich durchsetzen wollen, verfolgen Sie immer einen bestimmten Zweck: Es geht darum, eigene wichtige Interessen zu verwirklichen. Hinter Ihren Interessen stecken persönliche Wünsche und Bedürfnisse. Wenn Sie sich also zielgerecht und mit der angemessenen Strategie durchsetzen wollen, müssen Sie Ihre Wünsche und Bedürfnisse kennen. Banal? Keinesfalls, wie das folgende Beispiel zeigt.

Beispiel: Die selbst gemachte Tretmühle

Christian Bauer wird immer unzufriedener in seinem Beruf als Personalreferent. Am Ende jedes Arbeitstages fühlt er sich ausgelaugt; er hangelt sich nur noch von Wochenende zu Wochenende. Neben seinem Tagesgeschäft engagiert er sich nun für zwei prestigeträchtige und arbeitsintensive Projekte. Dabei muss Christian Berge von Daten erheben und auswerten. Das ödet ihn zwar ziemlich an, aber er glaubt, dass er seine Karriere gefährdet, wenn er diese Projekte nicht zur Profilierung nutzt.
Im beruflichen Umfeld reagiert Christian zunehmend aggressiv. Erst kürzlich ist er in einem Meeting regelrecht ausgerastet, als ein Kollege einige Daten in Frage stellte. Sein Vorgesetzter bezweifelt langsam, ob Christians soziale Kompetenz den Anforderungen seiner Position entspricht.

Ein Versager? Ein Karriere-Rambo? Nein, nur jemand, der nicht gut für sich selber sorgt, weil er den Kontakt zu seinen eigenen Bedürfnissen verloren hat. Wie viele Menschen. Entweder sind sie schwer damit beschäftigt, die Erwartungen anderer (auch in Form schwächender Botschaften) zu erfüllen, oder sie hängen überhöhten Idealen nach, denen sie alles andere unterordnen.

Beispiel

Eigentlich hatte Christians Karriere viel versprechend angefangen. Zu Beginn seiner Tätigkeit hatte er häufig als interner Kommunikationstrainer gearbeitet, was ihm viel Spaß gemacht hat. Denn eigentlich ist er sehr kontaktfreudig und offen. Sein Interesse an psychologischen Fragen und das positive Feedback seiner Seminarteilnehmer bestärkten ihn in seinem Entschluss, sich als interner Coach zu qualifizieren. Als sein Vater davon hörte, setzte er Christian gehörig zu: „Mach lieber was Vernünftiges, nicht diesen Psychoquatsch. Das Gesülze ist was für Öko-Stricklieseln, keine Leistung.“ Schließlich glaubte Christian selbst, dass er sich lieber auf Zahlen, Daten, Fakten konzentrieren sollte. Er verdrängte, dass er immer schlechter schlief und bereits morgens Magenkneifen bekam, wenn er an seine Arbeit dachte. Statt sein Gefühl ernst zu nehmen, verzichtete Christian aufs Coachen und spezialisierte sich auf Vergütungssysteme.

Dauerhaft gegen die eigenen Bedürfnisse zu handeln, heißt, auf ureigenste Interessen zu verzichten. Das führt mittelfristig zu Stressreaktionen und Unzufriedenheit, langfristig zu psychischen und körperlichen Beschwerden. Verschärft wird diese Entwicklung durch vermeintliche Lösungsstrategien nach dem Muster „Mehr-vom-Selben".

Beispiel
Auch im privaten Bereich läuft es nicht mehr. Christian ist meistens zu erschöpft, um abends oder am Wochenende noch viel zu unternehmen. Das Engagement in den Projekten frisst zusätzlich Freizeit. Sein Freundeskreis fragt immer seltener an, ob Christian in die Kneipe oder ins Kino mitkommt, da er doch meistens nein sagt. Christian spürt, dass andere auf Distanz gehen, und ist frustriert. „Bloß nichts anmerken lassen. Denen werde ich es noch zeigen!", denkt er sich, klotzt im Job noch mehr ran und gibt sich im Kontakt mit anderen betont cool. Ein Teufelskreis beginnt.

Kommen Sie daher Ihren Bedürfnissen auf die Spur, wenn Sie sich erfolgreich durchsetzen wollen. Für viele Menschen ist es jedoch gar nicht so einfach, die eigenen Bedürfnisse wahrzunehmen und zu benennen. Vielleicht hilft Ihnen die Bedürfnispyramide weiter.

Hierarchie der Bedürfnisse

Unsere Bedürfnisse sind unsere Triebfeder zum Handeln. Auch wenn die Bedürfnisse jedes Menschen unterschiedlich strukturiert sind, so gilt doch ein Prinzip: Erst wenn wir auf einer unteren Stufe der Bedürfnispyramide weitgehend zufrieden sind, können wir uns der nächsten zuwenden. Wir können keine Stufe überspringen, ohne einen Mangel in diesem Lebensbereich zu spüren.

Beispiel

Sabine Peters könnte eigentlich zufrieden sein: Das Studium und damit die Zeiten schmaler Geldbeutel und leerer Kühlschränke sind vorbei! Sie hat eine sichere Stelle und ein regelmäßiges Einkommen. Nun will sie erst mal richtig Karriere machen in einem Job, der ihr Spaß macht. Dafür ist sie auch in eine andere Stadt gezogen. Für ihre neue Wohnung hat sie sich endlich das Designersofa geleistet, von dem sie schon immer geträumt hat. Doch wenn sie jetzt nach einem anstrengenden Arbeitstag abends auf ihrem Sofa sitzt, fühlt sie sich trotz allen Erfolgs irgendwie traurig. Die vertrauten Freunde und offenen Gespräche fehlen ihr.

Die Bedürfnispyramide

(nach Abraham Maslow)

Bedürfnisse verändern sich: Bedeutet Sicherheit in jungen Jahren, überhaupt eine Wohnung zu haben, so kann später das Bedürfnis nach einem eigenen Haus erwachsen. Auch die aktuelle Lebenssituation hat Einfluss darauf, welche Stufe gerade im Vordergrund steht.

Übung: Meine Bedürfnispyramide

Zeichnen Sie Ihre persönliche Pyramide mit leeren Feldern. Überlegen Sie, wie weit Ihre Bedürfnisse auf jeder Stufe erfüllt sind bzw. wo nicht. Füllen Sie das Feld entsprechend mit schraffierten Strichen mehr oder weniger aus (z. B. zu 10, 50, 100 %). Wie wirkt Ihre Pyramide auf Sie? Welche Schlussfolgerungen ziehen Sie für sich? Welche Bereiche sind für Sie befriedigend? In welchen Bereichen könnten Sie mehr für Ihre Zufriedenheit tun? Auf welche Weise?

Raus aus dem Teufelskreis

Oft führen die mehr oder weniger unbewussten Versuche, unsere Bedürfnisse zu befriedigen, genau zum Gegenteil: Der Lösungsversuch verschärft das Problem (vgl. oben "Die selbst gemachte Tretmühle"). Wenn Sie sich durchsetzen wollen, ist also bewusstes Vorgehen in folgenden Schritten gefragt:

12 Schritte zur Befriedigung von Bedürfnissen

1. Was sind Ihre grundlegenden Wünsche und Bedürfnisse?
2. In welchen beruflichen und / oder privaten Lebensbereichen wollen Sie diese Bedürfnisse verwirklichen?
3. Wie zufrieden sind Sie derzeit mit dem Erfüllungsgrad dieser Bedürfnisse? Stufen Sie Ihre Zufriedenheit für jedes Bedürfnis auf einer Skala von 1 (= katastrophal) bis 10 (= ideal) ein.

4 Woran würden Sie erkennen (an sich selbst, an Ihrer Umwelt), dass Ihre Bedürfnisse in idealer Weise erfüllt sind?
5 Was wäre für Sie ein Erfüllungsgrad, den Sie schon ganz in Ordnung fänden? Stufen Sie die angestrebte Zufriedenheit wieder auf einer Skala von 1 – 10 ein.
6 Was davon können Sie realistisch bekommen?
7 Haben Sie dieses Ziel schon einmal erreicht, wenn vielleicht auch nur annähernd? Was haben Sie damals gemacht oder dazu beigetragen?
8 Welche Maßnahmen wollen Sie heute dazu unternehmen?
9 Was hindert Sie noch daran?
10 Was brauchen Sie also noch als Unterstützung?
11 Wie wollen Sie sich diese Unterstützung sichern?
12 Was werden nun Ihre ersten Schritte sein?

Nehmen Sie andere wichtig!

Viele Menschen versuchen sich durchzusetzen, indem sie andere klein machen und unter Druck setzen. Der Erfolg ist meist nur kurzfristiger Natur. Denn Druck erzeugt Gegendruck. Ihr eigenes Verhalten ist immer eine „Einladung" an Ihren Handlungspartner, auf eine bestimmte Weise zu reagieren. So haben Sie selbst entscheidenden Anteil daran, wie Gespräche mit großer Wahrscheinlichkeit verlaufen.

Oder wie der Volksmund sagt: „Wie Du kommst gegangen, so wirst du auch empfangen".

Wenn Sie sich langfristig durchsetzen wollen, müssen Sie andere Menschen für Ihre Ziele und Belange gewinnen. Es liegt auf der Hand, dass Ihnen das kaum gelingt, wenn Sie Ihre Handlungspartner in eine Abwehrhaltung bringen. Genau das passiert aber, sobald Sie den anderen abwerten und sein Selbstwertgefühl angreifen.

Beispiel: Der Kunde als Feind?
Dirk Schütze hat vor drei Monaten einen Firmen-Kopier-Service eröffnet. Anfangs ist er auch kleineren Kunden auf deren Anfrage mit Preisen und Service sehr entgegengekommen. Denn er hat sich nicht getraut, auch mal „nein" zu sagen, um Kunden nicht zu verlieren. Doch nun will Dirk Schütze endlich eine Grenze setzen. Als nun wieder ein kleinerer Kunde nach Sonderkonditionen fragt, entgegnet Dirk schroff: „Bei Ihrem bisschen Umsatz?! Wenn da jeder meint, er bekommt wegen ein paar Kopien schon Rabatte und Frei-Haus-Lieferung, muss ich bald noch Geld mitbringen." Ob der Kunde Ohren und Herz für solche Argumentation offen hält?

Ihr persönliches Verhalten spiegelt, was Sie denken und fühlen. Sich erfolgreich durchsetzen heißt also, nicht nur sich selbst, sondern auch den anderen zu akzeptieren und wichtig zu nehmen. Das ist eine Frage der Grundposition. Es gibt vier solcher grundlegenden Einstellungen.

Die persönlichen Grundpositionen

Beispiel
Sie möchten mit Ihrem Kollegen darüber sprechen, die anfallende Arbeit zukünftig gleichmäßiger auf Sie beide zu verteilen. Gerade in letzter Zeit hatten Sie den Eindruck, dass Ihr Kollege zeitaufwändige Detailarbeit auf

Sie abwälzt. Sie können in dieses schwierige Gespräch mit verschiedenen Einstellungen hineingehen.

Ich bin o.k., Du bist nicht o.k. (+ / -)
Ich bin völlig in Ordnung, aber Dir ist nichts Gutes zuzutrauen. Wenn es Schwierigkeiten gibt, ist das Deine Schuld. Ich werde Dir schon zeigen, wo Dein Platz ist und wer hier das Sagen hat. Wenn Du nicht wärst, hätte ich keine Probleme, und das werde ich Dich deutlich spüren lassen.

Ich bin nicht o.k., Du bist o.k. (- / +)
Du bist sowieso stärker als ich. Da kann ich auch sofort machen, was Du willst. Meine Wünsche und Forderungen halte ich erst mal zurück. Sag Du mir, wie es weitergeht. Dann brauche ich mich auch nicht mit Dir und „dem Problem" auseinander zu setzen.

Ich bin nicht o.k., Du bist nicht o.k. (- / -)
Wozu soll ich überhaupt Energie in die Sache investieren, es hat doch sowieso keinen Sinn. Ich werde nie etwas erreichen, schon gar nicht mit jemandem wie Dir. Es ist mir egal, was bei unserem Kontakt herauskommt.

Ich bin o.k., Du bist o.k. (+ / +)
Wir sind gleichwertige Partner, und ich akzeptiere Dich, auch wenn Du anderer Meinung bist. Ich setze mich für meine Ziele und Interessen ein und respektiere, dass Du eigene Ziele und Interessen hast. Ich werde versuchen, mit Dir gemeinsam eine Lösung zu beiderseitigem Vorteil zu finden.
(*nach Eric Berne und nach Thomas A. Harris*)

Ihre Grundposition beschreibt den Wert, den Sie sich und anderen beimessen. Sie wirkt sich wie ein Filter auf Ihr Denken, Fühlen und Handeln aus und beeinflusst, wie Kontakte und Beziehungen verlaufen.

Spielen Sie das Gespräch über die Arbeitsverteilung in Gedanken einmal mit jeder Grundhaltung durch. Was vermuten Sie: Welchen Verlauf wird das Gespräch mit dem Kollegen jeweils nehmen?

Wenn Sie sich erfolgreich durchsetzen wollen, ohne Beziehungen nachhaltig zu beschädigen, müssen Sie die Grundposition „Ich bin o.k., Du bist o.k." leben. Das hat nichts mit naiver Sozialromantik zu tun, sondern bedeutet

- sich selbst und andere mit Licht- und Schattenseiten zu akzeptieren,
- sich selbst zu vertrauen und sich für die eigenen Belange einzusetzen,
- anderen zu vertrauen, solange es keinen triftigen und gravierenden Grund dafür gibt, es nicht zu tun.

Wie können Sie nun eine solche Grundeinstellung erlangen, damit Sie sich erfolgreich durchsetzen können? Die folgenden Übungen helfen Ihnen dabei. Die erste richtet sich an Leser, die bevorzugt analysierend an Themen herangehen, die zweite ist für Leser gedacht, die gerne mit bildhaften Vorstellungen arbeiten. Oder probieren Sie beide!

Übung: Meine persönliche Grundposition

(ein eher analytisch-rationales Verfahren)

Denken Sie an eine Situation, in der Sie sich durchsetzen woll(t)en und mit einer Person zu tun haben, zu der Ihr Verhältnis nicht ganz unbelastet ist. Schreiben Sie auf:

1 Welche Einstellung haben Sie zu dieser Person?

2 Welche Einstellung haben Sie sich selbst gegenüber?

3 Wie zeigt sich das in Ihrem Denken, Fühlen und Verhalten?

4 Wie wirkt sich das vermutlich auf den Erfolg Ihrer Absichten aus?

5 Welche konkreten Möglichkeiten haben Sie, gegenüber dieser Person eher eine realistische Einstellung „Ich bin o.k., Du bist o.k." zu erreichen? Wie können Sie z. B.

- sich die positiven Seiten am anderen / an sich bewusst machen,
- sich in die Sicht des anderen hineinversetzen und ihm subjektiv positive Absichten unterstellen,
- sich an Ausnahmen von problematischen Situationen / Kontakten mit dem anderen erinnern,
- Informationen suchen, die dem problematischen Teil der Beziehung widersprechen,
- den eigenen Anteil an der Belastung der Beziehung bewusst machen? usw.

Übung: Den anderen in einem neuen Licht sehen

(ein eher bildlich-imaginatives Verfahren)

Denken Sie an eine Situation, in der Sie sich durchsetzen woll(t)en und mit einer Person zu tun haben, zu der Ihr Verhältnis nicht ganz unbelastet ist.

1. Stellen Sie sich diesen Menschen vor und wie er sich mit Ihnen im Raum befindet: Platzieren Sie ihn so (Position, Abstand, Größe, Bewegung), dass es für Sie „stimmt".
2. Schauen Sie sich diese Person jetzt an: Welche Farben kommen Ihnen zu diesem Menschen in den Sinn? Welches Licht ordnen Sie ihm zu? Und wo genau am Körper dieser Person befindet sich welche Farbe?
3. Wo an Ihrem eigenen Körper haben Sie diese Farben?
4. Welche Farbe fließt zurzeit zwischen Ihnen und wie?
5. Welche Farbe braucht die andere Person?
6. Wo haben Sie selbst diese Farbe?
7. Wenn Sie dem anderen die Farbe schicken würden: Welche Nuance hat sie? Welchen Weg würde sie nehmen? Wie würde sich der Fluss zwischen Ihnen verändern?
8. Finden Sie eine Farbe, die die Beziehung und den Kommunikationsfluss zwischen Ihnen verbessern würde. Stellen Sie sich vor, dass diese Farbe in das Verhältnis zwischen Ihnen einfließen wird.
9. Nehmen Sie wahr, was das in Zukunft für das Gespräch mit dem anderen bedeutet.

(In Anlehnung an Maaß / Ritschl)

Motivieren Sie sich durch klare Ziele!

Wer sein Ziel nicht kennt, dem erscheint jeder Weg richtig, und er merkt meist zu spät, dass er dort gelandet ist, wo er gar nicht hinwollte. Wenn Sie sich durchsetzen wollen, müssen Sie Ihre eigenen Ziele genau kennen, damit Sie Ihre Energien bündeln und zielgerecht einsetzen können.

Klare Ziele sind für die Durchsetzungsfähigkeit unabdingbar:

- Ziele geben Ihnen die Motivation, sich mit ganzer Kraft für ihre Verwirklichung einzusetzen.
- Ziele bestimmen, welche Ihrer Strategien und Aktivitäten Erfolg versprechend sind und welche nicht.
- Ziele helfen Ihnen, Prioritäten zu setzen und Ihre Fähigkeiten optimal zu nutzen.
- Ziele bieten Ihnen das wichtigste Kriterium zur Erfolgskontrolle.

Wenn Sie nur eine ungefähre Vorstellung davon haben, was Sie erreichen wollen, sind Streuverluste vorprogrammiert:

- Durch Versuch und Irrtum kommen Sie möglicherweise an Ihr Ziel, aber es dauert länger und kostet mehr Kraft.
- Sie wissen nicht genau, ob und wann Ihre Wünsche verwirklicht sind. Eventuell schießen Sie dann auch übers Ziel hinaus und „vergrätzen" Ihren Gesprächspartner.
- Wenn Sie das Ergebnis Ihres persönlichen Einsatzes nicht an einem Ziel messen können, entsteht Unzufriedenheit

und Enttäuschung nach dem Motto „Soll das schon alles gewesen sein?". Unter Umständen verstärken Sie so ein negatives Selbstbild und die Überzeugung „Ich schaff's ja doch nicht, egal was ich tue und wie ich mich anstrenge."

- Wenn Sie nicht genau erkennen, ob Sie Ihr Ziel erreicht haben, können Sie Ihren Erfolg nicht genießen und daraus Energie, Mut und Zuversicht für die Zukunft schöpfen.

Langfristige Ziele: Ihre Vision

Ob Sie in konkreten Situationen die notwendige Kraft und Zielgerichtetheit aufbringen können, um sich durchzusetzen, hängt entscheidend davon ab, welche Zukunftsvorstellungen Sie entwickelt haben, bewusst oder auch unbewusst.

Beispiel: Eine märchenhafte Geschichte

Joanne war 15 Jahre alt, als bei ihrer Mutter Multiple Sklerose diagnostiziert wurde. Zehn Jahre später ist die Mutter tot – ein schwerer Schlag für Joanne. Noch im gleichen Jahr hat Joanne während einer Zugfahrt nach London eine Vision: Ein Junge, der nicht weiß, wer er ist, erscheint vor ihrem inneren Auge. Und sie beginnt, seine Geschichte niederzuschreiben. Nach dem Tod der Mutter geht Joanne nach Portugal und verliebt sich dort in einen Fernsehjournalisten. Sie heiratet ihn und bekommt eine Tochter. Doch die Ehe scheitert, Joanne kehrt nach Großbritannien zurück und lebt als allein erziehende Mutter am Rande des Existenzminimums. Dennoch stellt sie ihr Buch über den Jungen aus ihrer Vision fertig. Doch damit ist sie längst nicht am Ziel. Ihr Buch wird zunächst von drei großen Verlagen abgelehnt. Endlich kauft der Bloomsbury-Verlag das Manuskript für 10.000 britische Pfund.

Der Rest ist Geschichte: „Harry Potter" wurde zum Weltbestseller, Joanne K. Rowling ist die erfolgreichste Autorin der Welt und – nach Madonna – die zweitreichste in Großbritannien lebende Frau.

Was wollen Sie in Ihrem Leben erreichen, für das es sich lohnt, sich trotz aller Widerstände und Blockaden durchzusetzen? Wenn Sie Ihre persönliche Lebensvision entwerfen, müssen Sie sich folgende Fragen beantworten:

- Was will ich in meinem Leben erreichen? Wohin will ich?
- Was ist mir im Leben wichtig? Welche Werte sind von tragender Bedeutung für mich?
- Was kann ich besonders gut? Was sind meine Fähigkeiten und Talente? Was macht mir am meisten Spaß?
- Worauf möchte ich mit 30, 40 .... Jahren und am Ende meines (Berufs-)Lebens im Wesentlichen zurückblicken?

Dabei ist es wichtig, dass Sie auf sich selbst hören. Denn viele Menschen jagen Zielen hinterher, die eigentlich nicht ihre eigenen sind. Sondern sie versuchen – meist unbewusst – die Erwartungen anderer zu erfüllen. Sie leben die Wünsche von Eltern und Partnern, versuchen Freunden und Bekannten zu imponieren, gehorchen scheinbar fest zementierten Regeln ihres sozialen Umfeldes. Doch genau das schwächt ihre Durchsetzungsfähigkeit. Denn nur die volle innere Überzeugung gibt uns Kraft und Motivation genug, unsere Ziel systematisch zu verfolgen und bei Rückschlägen nicht aufzugeben.

Um langfristige Ziele zu verfolgen, braucht es Begeisterung und Durchhaltevermögen. Dies Merkmale sind jedoch weniger das Ergebnis nüchterner Analysen. Die notwendige innere Schubkraft erhalten Sie vielmehr durch positive Emotionen, die mit dem Erreichen Ihrer Ziele verknüpft sind. Denn warum sollten Sie sich für etwas anstrengen, das Ihnen keine Freude macht und Ihrem Leben keinen rechten Sinn gibt? Die folgende Übung hilft Ihnen dabei, eine inspirierende Zukunftsvorstellung für sich zu entwickeln.

Übung: Probefahrt in die Zukunft – Opa / Oma erzählt

Ziehen Sie sich an einen ruhigen Ort zurück. Schreiben Sie auf einen Zettel Ihren Namen und Ihr Lebensalter, auf einen anderen Zettel „Opa" bzw. „Oma" und Ihren Namen sowie das Alter „75 Jahre". Legen Sie die Zettel in angemessenem Abstand, der die Zeit zwischen den beiden Lebensaltern repräsentiert, auf den Fußboden.

1 Stellen Sie sich an den Platz, der Ihr aktuelles Alter und damit die Gegenwart repräsentiert. Schauen Sie an den Platz, an dem Sie 75 Jahre alt sind und der Ihre Zukunft repräsentieren soll.

2 Teilen Sie die Strecke in Abschnitte auf; jeder Abschnitt entspricht 5 Jahren. Nun gehen Sie aus der Gegenwart mit langsamen Schritten in die Zukunft.

3 Halten Sie an jedem 5-Jahres-Abschnitt inne und vollziehen Sie den (Veränderungs-)Prozess nach:

   - Wie sehen Sie in diesem Lebensalter aus?
   - Wie ist Ihre Körperhaltung?

4 Wenn Sie den Platz „75 Jahre" erreicht haben, setzen Sie sich auf einen Stuhl. Stellen Sie sich vor, Kinder oder Enkelkinder sitzen zu Ihren Füßen und warten gespannt und

neugierig auf das, was Sie ihnen als Opa bzw. Oma aus Ihrem Leben erzählen.

5 Nun erzählen Sie den Kindern, laut oder in Gedanken, von den wichtigen Stationen in Ihrem Leben, von der Kindheit bis zum heutigen Tag als 75-Jährige/r:
   - Was ist das Beste, Schönste, Wichtigste gewesen?
   - Welche Verdienste und wichtigen Lebensstationen wollen Sie würdigen?
   - Worauf wollen Sie zurückblicken können, das in der Zeit zwischen Ihrem richtigen Alter und dem Opa- / Omadasein liegt?
   - Was könnte dabei Ihr Lebensmotto gewesen sein?

6 Gehen Sie wieder auf den Platz, der die Gegenwart darstellt, und schauen Sie sich den Stuhl an, auf dem Sie als Oma / Opa gesessen haben.
   - Wie ist es, dorthin zu schauen?
   - Was vom Erzählten wollen Sie als Lebensziel(e) annehmen? Was hat die größte Anziehungskraft?
   - Was kann Sie jeden Tag daran erinnern, etwas zu tun, um Ihre Vision zu erreichen?

Führen Sie die Übung von Zeit zu Zeit neu durch und überprüfen Sie: „Will ich das wirklich noch? Fühle ich mich noch gut dabei? Entspricht das Ziel noch mir selbst? Ist es noch realistisch?" Denn wer A sagt, muss nicht automatisch B sagen. Es ist legitim, sich von einem Ziel zu verabschieden oder es auf eine neue Situation hin zu variieren. Das spricht für Intelligenz, Selbstbewusstsein und die Fähigkeit, im eigenen Leben die Regie zu übernehmen.

Kurz- und mittelfristige Ziele: Orientierungspunkte für konkrete Aktionen

Ihre Vision zeigt Ihnen, wofür es sich generell lohnt aktiv zu werden. Sich durchsetzen heißt nun, dass Sie sich für konkrete Vorhaben einsetzen. Je klarer Sie dabei Ihre Ziele für die konkrete Situation vor Augen haben, desto wirksamer sind Ihre Aktivitäten. Egal, ob Sie ein Durchsetzungsgespräch planen oder eine allgemeine Verhaltensänderung.

Wenn man Menschen fragt, was sie für sich verändern wollen, sind folgende Antworten typisch:

- Ich möchte mich besser durchsetzen.
- Ich möchte nicht mehr so schnell nachgeben.
- Ich will weniger Angst davor haben, anderen die Meinung zu sagen.
- Ich möchte bei Konflikten immer ruhig bleiben.
- Ich will, dass mein Chef auf meine Wünsche eingeht.

Sind diese Wünsche nachvollziehbar? Mit Sicherheit! Sind sie sinnvoll und klar ausgedrückt? Leider nicht! Denn in den Formulierungen stecken unsichtbare Stolperdrähte, mit denen Sie sich selbst sabotieren würden.

Stolperdraht 1: schwammige Formulierungen

Ausdrücke wie besser, stärker, deutlicher, mehr usw. zeigen lediglich die große Richtung an, in die es gehen soll. Sie bieten noch keinen konkreten Ansatz für die dazu notwendige Veränderung. Und sorgen eher für Frust statt für Lust, weil der Betreffende keine Ahnung hat, wie er denn zum Ziel kommen soll. Denn was bedeutet denn konkret „besser durchsetzen"? Für den einen ist da vielleicht Klarheit über die eigenen Bedürfnisse gefragt, für den anderen eine Schritt-für-Schritt-Gesprächsstrategie.

Stolperdraht 2: Verneinungen

Denken Sie in den nächsten Sekunden auf gar keinen Fall an einen rosa Elefanten! Hat's geklappt? Bestimmt nicht, denn sobald Sie etwas NICHT denken wollen, muss sich Ihr Gehirn gerade damit beschäftigen. Und dadurch konzentriert sich Ihr Unterbewusstsein genau auf die problematischen Dinge, die Sie nicht mehr wollen. So rauben Sie sich Kraft und Selbstvertrauen.

Stolperdraht 3: mangelnde Messbarkeit

Wann wissen Sie, dass Sie sich besser durchsetzen können? Woran erkennen Sie, dass Sie weniger Angst haben? Solange Sie keine Kriterien dafür formuliert haben, können Sie sich ewig abstrampeln.

Stolperdraht 4: Ziel nicht von Ihnen selbst aktivierbar

Durch geeignete Einstellungen, Strategien und Verhaltensweisen können Sie zwar die Wahrscheinlichkeit erhöhen, dass z. B. Ihr Chef auf Ihre Wünsche eingeht, aber es gibt keinen geheimnisvollen Psychotrick, der das garantiert. Wenn Sie Ihr Ziel nicht dadurch konkretisieren, was Sie selbst zum Erreichen beitragen können, haben Sie keinen Handlungsansatz.

Stolperdraht 5: unklarer Zeithorizont

Wer kennt nicht den bekannten Weg guter Vorsätze? Die meisten werden aufgeschoben bis zum Sankt-Nimmerleins-Tag. Wenn Sie sich nicht selbst sagen, wann Sie eine Sache angehen wollen, wird sich vermutlich der innere Schweinehund durchsetzen und nicht Sie. Auch zu knappe Endtermine sind ungünstig: Gerade Einstellungsveränderungen brauchen etwas Zeit.

Stolperdraht 6: Unangemessenheit

Ein schöner Traum: IMMER ruhig in Konflikten bleiben. Leider auch ein unsinniger. Erstens überfordert dieses Ziel jeden Menschen und ist daher ins Reich des gepflegten Größenwahns zu verweisen. Zweitens wird der Rahmen nicht abgesteckt, in dem Ruhe sinnvoll ist. Sicherlich sollten Sie nicht in jedem Konflikt gleich an die Decke gehen. Verstoßen aber beispielsweise Ihre Projektmitarbeiter ständig gegen Terminabsprachen, dürfen Sie sich nicht wundern, wenn Ihre unerschütterliche Ruhe geradezu als Einladung aufgefasst wird, Termine nicht so wichtig zu nehmen.

Die SMART-Formel

So formulieren Sie Ihre Ziele wirkungsvoll:

S = spezifisch
Formulieren Sie Ihr Ziel so klar, eindeutig und konkret wie möglich. Tipp: Teilen Sie komplexere Ziele besser in Teilziele auf.

M = messbar
Sie müssen eindeutig beurteilen können, ob und wie weit Sie Ihr Ziel erreicht haben. Tipp: Fragen Sie sich, woran Sie merken würden, dass Sie am Ziel sind oder auf dem besten Weg dazu.

A = attraktiv und aktionsorientiert
Formulieren Sie positiv: „Was soll sein und was kann ich tun" statt „Was soll nicht mehr sein". Zeigen Sie konkrete Ansatzpunkte für positive Veränderung auf. Tipp: Tun Sie als Gedankenexperiment so, als hätten Sie Ihr Ziel bereits erreicht. Beschreiben Sie, wann Sie sich wo, wem gegenüber wie verhalten und was an Gefühlen und Gedanken in Ihnen vorgeht.

R = realistisch
Ein motivierendes Ziel ist zwar herausfordernd und anspruchsvoll, aber immer auch machbar und realistisch. Tipp: Fragen Sie sich, inwieweit Sie das Erreichen des Ziels selbst beeinflussen können.

T = terminierbar

Setzen Sie sich einen eindeutigen Endpunkt, zeitlich und inhaltlich. Berücksichtigen Sie, dass tief greifende Veränderungen nicht von heute auf morgen zu verwirklichen sind. Tipp: Wenn Sie Ihr Ziel nicht innerhalb von drei Monaten erreichen können, formulieren Sie auf jeden Fall Teilziele. Sonst bringen Sie sich um Erfolgserlebnisse und Motivation.

Beispiel: Der „Ausputzer“

Clemens Schick war klar: Wenn er sich bei der nächsten Teambesprechung wieder nicht trauen würde, einen wichtigen Reibungspunkt anzusprechen, dann würde er die Zeche zahlen und nicht seine Kollegen. Er musste sich einfach besser durchsetzen.
Also nahm sich Clemens vor: „Ich werde mich zukünftig aktiv und offen für meine Interessen einsetzen. Beim kommenden Teammeeting am 15.07. werde ich bei unserer üblichen Manöverkritik meine Erwartung aussprechen, dass meine beiden Teilzeitkollegen zukünftig die von ihnen übernommenen Projektaufgaben selbst termingerecht zu Ende führen.
Dazu werde ich konkret beschreiben, um welche Vorfälle es geht, und welche Auswirkungen ihr Verhalten auf mich und unsere Zusammenarbeit hat. Ich werde es ablehnen, mehr als zwei Überstunden monatlich für fremde Projektaufgaben zu machen. Ich gestehe mir innerlich zu, dass ich nicht für den Arbeitserfolg von anderen verantwortlich bin.
Mein Ziel habe ich erreicht, wenn wir in diesem Rahmen eine konkrete Vereinbarung treffen. Ich werde mich dann innerlich befreit und leicht fühlen.“ Apropos leicht – Clemens fiel noch etwas ganz anderes ein: „Ab morgen werde ich drei Mal pro Woche nur Obst, Gemüse oder Salat zu den Hauptmahlzeiten essen. Ich kaufe ab sofort entsprechend ein.“

Entscheiden Sie sich für eine Veränderung!

Ihnen geht es vielleicht wie vielen anderen: Es fällt schwer, sich aus alten Denkmustern und Verhaltensgewohnheiten zu verabschieden. Schließlich haben Sie sich jahrelang irgendwie mit ihnen arrangiert wie mit manchen alten Bekannten: Sie haben eigentlich keine richtige Lust mehr auf sie, aber Sie treffen sie trotzdem.

Hinter dem Festhalten an Gewohntem stecken vielfach auch Ängste vor den Auswirkungen neuer Denk-, Fühl- und Verhaltensweisen. Wer sich durchsetzen will und damit noch keine Erfolgserlebnisse gehabt hat, entwickelt leicht Angst vor Ablehnung, vor Kritik, vor Blamage, vor Anspannungs- oder Unsicherheitsgefühlen. Wenn Sie sich jedoch nicht auf neues Terrain wagen, werden Sie nie erfahren, wozu Sie eigentlich in der Lage sind – und verschärfen Ihre Ängste. Je mehr Sie Durchsetzungssituationen vermeiden, desto mehr schwächen Sie Ihr Selbstwertgefühl und Selbstvertrauen. Treffen Sie also Ihre Entscheidung!

Übung: So planen Sie eine Veränderung!

1 Sich selbst beobachten:

- Wann, bei welchen Gelegenheiten und Rahmenbedingungen erleben Sie sich typischerweise als durchsetzungsschwach?
- Wie verhalten Sie sich dann konkret?

- Was denken Sie dabei?
- Wie fühlen Sie sich dabei?

2 Verhalten analysieren:

- Welche Auslöser gibt es für bestimmte Verhaltensweisen? Wie kommt Ihr Verhalten zustande?
- Was möchten Sie mit Ihrem Verhalten erreichen? Was erreichen Sie tatsächlich? Und wie geht es Ihnen dann damit?

3 Kreative Neugestaltung:

- Wunschvorstellung beschreiben: Wie verhalten Sie sich und wie geht es Ihnen dabei?
- Eigene Blockade ermitteln: Was verhindert Ihr Wunschverhalten (Gedanken, Gefühle, Kenntnisse oder Fähigkeiten)?
- Unterstützungsfaktoren ermitteln: Was kann Ihnen realistisch helfen, Ihr Wunschverhalten zu zeigen?
- Entscheidung treffen: Welches Verhalten wollen Sie erproben? Welche Gedanken und Gefühle wollen Sie damit verbinden? Wann?

So überzeugen Sie in der Kommunikation mit anderen

Sich im Gespräch mit anderen durchzusetzen bedeutet, andere zu überzeugen. Aber wie? Indem Sie souverän kommunizieren, nämlich klar, strategisch und fair. Und wenn nötig: Zeigen Sie ruhig auch die Zähne!

Grundlagen souveräner Kommunikation

In den ersten beiden Kapiteln haben Sie auf mentaler und emotionaler Ebene Ihr Fundament zur Stärkung Ihrer Durchsetzungskraft gelegt. Gehen Sie nun ins Aufbautraining, damit Sie sich in der Kommunikation mit anderen erfolgreich behaupten können.

Welcher Durchsetzungstyp sind Sie?

Die Vorstellungen, wie man im Leben am besten durchkommt, gehen auseinander. Die folgenden Verhaltensmuster sind weit verbreitet, bieten aber nur Scheinlösungen. Finden Sie sich manchmal in einer Variante wieder?

Das partnerschaftliche Kuschelkissen

Erziehung und soziales Umfeld haben es Ihnen eingebläut: In Nettigkeit, Anpassung, Harmonie liegt der ethisch-moralische Segen. Die Folge: Sie verhalten sich partnerschaftlich in jeder Lebenslage, auch wenn Sie dazu auf eigene Interessen verzichten müssen. Sie geben zu schnell nach. Die Kommunikation: freundlich und wertschätzend; Forderungen, Kritik und Kontroversen werden jedoch „weich gespült" oder indirekt formuliert. Ihre Kommunikationspartner können sich freuen, denn als Seele von Mensch sind Sie extrem gut in die Richtung zu bugsieren, die den anderen passt.

Der knallharte Knochen

Ihnen macht keiner mehr was vor: Sie haben gelernt, dass letztlich alle vor demjenigen kuschen, der am besten den Platzhirschen gibt. Die Folge: Sie verhalten sich nach dem Modell „Deutsche Eiche" – Ihre Position steht unverrückbar fest. Nachgeben ist für Sie gleichbedeutend mit Niederlage, deshalb versuchen Sie den anderen niederzuringen. Sie haben stets Ihre Ziele im Blick. Die Kommunikation: aufgerüstet durch rhetorische Finessen, Überrumpelungstechniken und verbale Kraftmeierei. Ihre Kommunikationspartner geben nach, weil sie sich Ihrer Gewandtheit nicht gewachsen fühlen oder den Kampf satt haben, aber nicht weil sie überzeugt sind. Echte Unterstützung dürfen Sie deshalb nicht erwarten.

Das wandlungsfähige Quecksilber

Sie haben die (oft schmerzhafte) Erfahrung gemacht: Wer deutlich Position bezieht, muss mit Gegenwind und Ablehnung rechnen. Die Folge: Sie verhalten sich an der Oberfläche nachgiebig und kompromissbereit, klare Forderungen und Auseinandersetzungen liegen Ihnen nicht. Ihre Interessen versuchen Sie lieber durch hintergründige Andeutungen, das Schaffen von Fakten oder Rekrutieren von Hilfstruppen zu verwirklichen. Die Kommunikation: freundlich, aber oft indirekt und mit klagendem Unterton, gegenüber vermeintlich Stärkeren niemals dominierend, unter Gleichen durchaus stark. Ihre Kommunikationspartner nehmen Sie als wackligen Kantonisten wahr und knabbern womöglich an Enttäuschungen. Deshalb ist auch hier echte Unterstützung selten.

Was heißt souverän?

Wenn Sie sich durchsetzen wollen, müssen Sie für Ihre Interessen Überzeugungsarbeit leisten. Und Sie wissen vielleicht aus eigener Erfahrung: Menschen können nicht gegen ihren Willen überzeugt werden. Sie gehen nur mit, wenn ihre Bedürfnisse, Sichtweisen und Erfahrungen berücksichtigt, zumindest aber anerkannt werden. Ihr Motto ist daher: Jeder gewinnt – so weit wie möglich. So zeigt sich Ihre Souveränität: Sie sind sich über Ihre eigenen Interessen im Klaren und setzen sich offen und beharrlich dafür ein. Gleichzeitig gehen Sie fair auf Ihre Kommunikationspartner ein. Wenn andere Sie ausknocken wollen, können Sie auch die Zähne zeigen. Die Kommunikation: freundlich, klar, direkt, mit großem Einfühlungsvermögen für andere, aber auch mit der Bereitschaft zu Konfrontation und Abgrenzung. Ihre Gespräche bereiten Sie strategisch vor. Ihre Kommunikationspartner können Sie respektieren, denn Sie treten mit offenem Visier an.

Souveräne Kommunikation bedeutet, die eigenen Interessen mit geeigneten Mitteln und Strategien beharrlich zu vertreten und gleichzeitig fair auf den anderen einzugehen.

Wenn Sie souverän kommunizieren wollen, sollten Sie folgende Grundregeln und -elemente menschlicher Kommunikation kennen.

Die kommunikativen Ebenen

Jede Kommunikation verläuft parallel auf zwei Ebenen: Auf der Sachebene reden Sie über Inhalte, gleichzeitig prägen

Sie auf der emotionalen Ebene die Beziehung zum anderen. Wenn die Beziehung zwischen Ihnen beiden gestört ist, schiebt sich die negative Emotion in den Vordergrund. Das Hauptinteresse der Gesprächspartner liegt dann nicht mehr bei der Sache. Wahrnehmung und Energie werden vielmehr gebunden durch Gefühle wie Misstrauen, Angst, Ärger oder verletztes Selbstwertgefühl. Wichtige Teile der Sachinformation gehen verloren.

Beispiel

Verkaufsleiter Krause ist zum Kennenlerngespräch bei seinem neuen Vorgesetzten Döring eingeladen. „Guten Tag, Herr Krause.", begrüßt ihn Döring knapp. „Ich habe mir Ihre Zahlen angesehen. Sie müssen ganz schöne Schwierigkeiten in Ihrem Verkaufsgebiet haben." Krause schnappt nach Luft und geht innerlich in Abwehrhaltung: „So ein Mistkerl!", denkt Krause, „Aber von dem lass' ich mir nichts anhängen." Mit halbem Ohr bekommt er noch mit, dass Döring etwas von struktureller Unterstützung erzählt. Die Diskussion über Verbesserungsmöglichkeiten im Vertrieb verläuft daraufhin äußerst kurz und frostig.

Die Atmosphäre muss stimmen

Wenn es Ihnen nicht gelingt, eine positive oder zumindest neutrale Atmosphäre zu schaffen, minimieren Sie die Chancen für Ihre sachlichen Anliegen. Vermeiden Sie also persönliche Herabsetzungen, spendieren Sie vielmehr dem anderen persönliche Anerkennung. Das bedeutet nicht, dass Sie auch seiner Meinung sein müssen, trennen Sie Sache und Person.

Die Beziehungsebene dominiert die Inhaltsebene und entscheidet über den Verlauf Ihrer Gespräche.

Feedback als Wegweiser

Es wäre ja auch denkbar, dass sich Herr Döring aus unserem Beispiel oben Krauses Zahlen mit Schwächen der Vertriebsstruktur erklärt und ihn unterstützen will. Doch es spielt überhaupt keine Rolle, wie der Sprecher (= Sender) was wie wirklich gemeint hat. Entscheidend ist immer, wie der Hörer (= Empfänger) einer Aussage diese auffasst. Und das erkennen Sie an seiner Reaktion, Sie erhalten dadurch eine Rückmeldung (Feedback).

Achten Sie auf die Signale des anderen

Wenn Ihr Gesprächspartner positiv reagiert und für Ihre Vorstellungen offen ist, heißt das, dass Sie kommunikativ auf dem richtigen Weg sind. Wenn er nicht so reagiert, wie Sie es erwartet haben, seien Sie nicht eingeschnappt und reagieren Sie nicht mit Abwehr oder Angriff, sondern werten Sie die Reaktion neutral als Information darüber, dass Sie Ihre Strategie oder Ihr Verhalten ändern müssen.

Das Zusammenspiel von Sprache und Körpersprache

Beispiel

Die Konferenz ist seit einer halben Stunde in vollem Gange. Da geht die Tür auf, Sachbearbeiterin Pieper kommt herein und hetzt zu ihrem Platz. „Schön, dass Sie sich für uns noch freimachen konnten.“, bemerkt Abteilungsleiter Kunze mit ironischem Tonfall und verdreht die Augen.

Toll, dass sich Abteilungsleiter Kunze so freuen kann. Das könnte man denken, wenn man nur seine Worte in Betracht zieht. Sein körpersprachliches Verhalten drückt jedoch etwas ganz anderes aus: Gereiztheit und Missbilligung. Welcher Aussage glauben Sie, was ist die eigentliche Botschaft?

Unsere Körpersprache verläuft in erster Linie unbewusst und übermittelt unsere Gedanken und Gefühle direkt und unzensiert. Daher glauben Kommunikationspartner im Zweifelsfall der Körpersprache, wenn sprachliche (verbale) und körpersprachliche (nonverbale) Signale nicht übereinstimmen. Unsere Körpersprache prägt entscheidend die Beziehungsebene und wie das, was gesprochen wird, einzuordnen ist. Zur Körpersprache gehören:

- Mimik: Bewegungen des Gesichts und des Kopfes,
- Gestik: Gebärden der Arme und Hände,
- Haltung: Körperhaltung und deren Veränderungen,
- Distanz: räumlicher Abstand,
- Tonfall: Sprechweise, nichtsprachliche Laute.

Körpersprache und Redeinhalt sollten harmonieren

Achten Sie auf die Körpersprache Ihres Partners! Dadurch erfahren Sie, ob er auf Ihrer Wellenlänge mitschwingt oder nicht. Sie selbst besitzen die größte Überzeugungskraft, wenn Ihre Aussage mit Ihrer Körpersprache harmoniert, also beides in die gleiche Richtung weist. Lächeln Sie also nicht, wenn Sie gravierende Kritik üben, schauen Sie nicht wie Madame Miesepetra, wenn Sie andere anerkennen.

Klar kommunizieren: die vier Seiten einer Nachricht

In manchen Situationen gelingt es Ihnen vielleicht nicht, die eigenen Interessen klar genug zu vertreten. Oder Sie reagieren heftig auf eine Aussage Ihres Gesprächspartners, und der kann das gar nicht nachvollziehen und blockt ab. Oder Sie überhören, worum es dem anderen eigentlich geht, und finden deshalb keinen Weg, fair auf ihn einzugehen. Das könnte damit zusammenhängen, dass in jeder Aussage vier verschiedene Teilbotschaften stecken.

Ausdruck des Senders	**Eindruck des Empfängers**
Sachinhalt: Über welche Fakten und Inhalte informiere ich?	Sachinhalt: Welche Sachverhalte hat der andere mitgeteilt?
Beziehung: Wie stehe ich zum anderen? Wie sehe ich ihn?	Beziehung: Wie ist die Beziehung des anderen zu mir? Was hält er von mir?
Selbstoffenbarung: Wie stelle ich mich dar? Was zeige ich von meiner Befindlichkeit?	Selbstoffenbarung: Was ist der andere für ein Mensch? Was ist gerade los mit ihm?
Appell: Wie soll sich der andere verhalten? Was soll er denken oder fühlen?	Appell: Was erwartet der andere von mir? Was soll ich tun, denken oder fühlen?

(nach Friedemann Schulz von Thun)

Jede Aussage beinhaltet alle vier Aspekte. Je nach Situation kann auch eine Teilbotschaft im Vordergrund stehen. Missverständnisse entstehen, wenn der Sender die Teile nicht eindeutig formuliert, auf die es ihm ankommt, oder der Empfänger nur eine einzige Teilbotschaft heraushört, die falsche für die wichtigste hält oder Botschaften ganz anders interpretiert. Die Reaktion des Empfängers entscheidet dabei über den weiteren Verlauf des Gesprächs.

Beispiel

Die vierteljährliche Abteilungsleiterkonferenz steht an. Im letzten Jahr hat Frau Schön, die Sekretärin eines Abteilungsleiters, sämtliche Konferenzen organisiert. Nun ist sie der Meinung, eine andere Sekretärin könne das übernehmen, da die Sache mit erheblicher Zusatzarbeit verbunden ist. Gegenüber ihrem Vorgesetzten bemerkt sie in vorwurfsvollem Ton: „Im letzten Jahr habe ich alle Konferenzen gemacht." Der Chef antwortet: „Das war super. Sie sind die Beste dafür, dann übernehmen Sie das wieder."

Ausdruck der Sekretärin	Eindruck des Vorgesetzten
Sachinhalt: Ich habe im letzten Jahr alle vier Konferenzen organisiert.	Sachinhalt: Frau Schön hat im letzten Jahr alle vier Konferenzen organisiert.
Beziehung: Du bist als Vorgesetzter für mich verantwortlich, und ich muss machen, was Du sagst.	Beziehung: Sie findet mich als Chef o.k., wenn ich sie lobe.
Selbstoffenbarung: Ich bin ausgelastet und möchte es diesmal nicht übernehmen.	Selbstoffenbarung: Sie ist stolz auf ihre Leistung und will das Projekt nicht abgeben.
Appell: Übergib die Sache diesmal jemand anderem.	Appell: Ich soll ihre Arbeit anerkennen, indem ich sie die Sache weiterhin machen lasse.

Bleiben Sie klar und direkt

Winken Sie nicht mit Zaunpfählen, sondern sprechen Sie direkt an, worum es Ihnen geht. Sonst dürfen Sie sich nicht wundern, wenn Sie nicht das bekommen, was Sie wollen. Überprüfen Sie als Empfänger auch Ihre eigenen Reaktionen: Sind Sie „anfällig" für bestimmte Interpretationen und Teilbotschaften, die vielleicht gar nicht so gemeint waren?

Übung: Kommunikationsstörungen klären

Erinnern Sie sich an eine Situation mit einem Gesprächspartner, in der Sie sich durchsetzen wollten, es aber nicht geschafft haben. Analysieren Sie die Kommunikation: Wie war die Situation? Was hat der Sender gesagt? Wie hat der Empfänger darauf reagiert?

(Möglicher) Ausdruck des Senders	**(Möglicher) Eindruck des Empfängers**
Sachinhalt:	Sachinhalt:
Beziehung:	Beziehung:
Selbstoffenbarung:	Selbstoffenbarung:
Appell:	Appell:

- Wo gab es Missverständnisse?
- Gibt es Teilbotschaften, die Sie als Sender gerne vermeiden? Warum?
- Gibt es Teilbotschaften, die Sie als Empfänger besonders deutlich heraushören oder auf die Sie besonders leicht und ungünstig „anspringen"? Warum?

Ich-Botschaften: Sprich per „ich"

Wenn Sie sich durchsetzen wollen, müssen Sie also klar kommunizieren und Ihre Wünsche und Forderungen unmissverständlich ausdrücken. Doch das ist für viele leichter gesagt als getan. Denn einerseits wollen sie sich behaupten, andererseits haben sie auch Befürchtungen, ihre Bedürfnisse und Erwartungen so deutlich preiszugeben. Sie haben Angst vor Kritik, vor Zurückweisung, vor einem Nein.

In Gesprächen und Diskussionen zeigt sich das in kommunikativen „Nebelkerzen":

„Nebelkerze"	statt	„Ich"-Botschaft
MAN müsste das mal ansprechen.	statt	ICH erwarte, dass Sie das morgen ansprechen.
WIR dürfen uns das nicht bieten lassen.	statt	ICH fühle mich ausgenutzt und wünsche mir ...
DU bist unverschämt.	statt	ICH bin enttäuscht von deinem Verhalten.
ES wäre gut, wenn keiner rauchen würde.	statt	ICH hätte gerne frische Luft im Raum und bitte Sie ...

Wenn Sie die Worte „man", „wir", „du", „es" gebrauchen, obwohl es um IHRE Interessen geht, so geschieht das oft, um

- der Verantwortung für das Gesagte auszuweichen,
- eigene Bedürfnisse, Emotionen, Positionen zu verschleiern,
- andere auf Distanz zu halten und sich zu schützen,
- andere unmerklich in die eigene Richtung zu lenken.

Zum Durchsetzen gehört die Fähigkeit, das Wörtchen „ich" zu gebrauchen. Sie positionieren sich dadurch klar und zeigen dem anderen, dass Sie hinter Ihrer Aussage stehen. Gleichzeitig betonen Sie die Subjektivität Ihrer Worte und jubeln dem anderen nichts unter, gegen das er sich zur Wehr setzen muss (wie vor allem mit den Worten „du" oder „wir").

Mit einem klaren "ich" setzen Sie sich durch

Verwenden Sie klare Ich-Botschaften, wenn es um Ihre Interessen und Standpunkte geht, vermeiden Sie Wischiwaschi-Aussagen. Achten Sie darauf, auch den Standpunkt des anderen zu erfragen. Denn wer nur noch „ich" verwendet, gerät zu Recht in den Ruf des Egozentrikers.

Übung: Ich-Botschaften senden

Sammeln Sie Man-, Wir-, Du / Sie-, Es-Botschaften, die Sie häufig verwenden, wenn Sie sich durchsetzen wollen.

- Überlegen Sie, was Sie mit der „Nebelkerze" unbewusst erreichen wollen. Überdenken Sie, ob dieses verdeckte Ziel Ihrer Durchsetzungskraft dient.
- Formulieren Sie die unzweckmäßigen Aussagen in Ich-Botschaften um.

Wie Sie Ihre Gesprächspartner besser ins Boot holen

Kennen Sie auch die Durchsetzungsstrategie „Engelszungen"? Sie haben sich mental in Hochform gebracht, Ihre Argumentation ausgefeilt und auf jeden möglichen Einwand eine passende Antwort vorbereitet. Doch nichts davon will bei Ihrem Gesprächspartner so richtig „andocken". Und je mehr Sie sein Zögern spüren, desto mehr Argumente werfen Sie ins Feld. Nach dem Motto „Viel hilft viel" hoffen Sie, dass sich unter der Menge Ihrer Argumente auch das endgültig durchschlagende befindet. Doch je mehr Sie auf den anderen einreden, desto mehr verschließt er sich.

Oder die Strategie „Zuckerbrot"? Dahinter steckt die Annahme, dass Sie den anderen erst durch Schmeicheleien, Unterordnung oder Zugeständnisse gnädig stimmen müssen, bevor Sie Ihre eigenen Ziele durchsetzen können. Doch ach du Schreck: Statt sich über Ihre Wohltaten zu freuen, reagiert der andere abwehrend, aggressiv oder empört.

Wenn Sie nicht vor unsichtbare Wände laufen wollen, müssen Sie als Nächstes lernen, sich auf die Welt Ihres Gesprächspartners einzustellen. Denn nur wer den anderen wahrnimmt, findet die notwendigen individuellen Ansätze, um ihn zu überzeugen.

Klären Sie den Bezugsrahmen!

Jeder Mensch sieht die Welt durch seine ganz persönliche Brille. Diese Sicht wird durch drei Grundfragen bestimmt:

- Wer bin ich und was ist mir wichtig?
- Was ist von anderen Menschen zu halten?
- Nach welchen Regeln funktioniert die Welt?

Unser Bezugsrahmen entsteht durch die Erfahrungen, die wir im Laufe unseres Lebens machen und unbewusst verallgemeinern. Er dient uns als persönliche Gebrauchsanleitung für das Leben, und wir richten unser Verhalten daran aus. Dieses Bild von der Welt ist recht stabil, weil es uns scheinbar verlässliche Orientierung bietet. Jede Neuorientierung bringt erst einmal Unsicherheit mit sich und kostet daher psychische und emotionale Energie. Deshalb werden unsere Gesprächspartner ihren Bezugsrahmen nach Kräften verteidigen – wie wir selbst auch.

Beispiel: Aufstieg oder Ausstieg?

Teamleiter Jobst Linden ist froh über den neuen Mitarbeiter: Karl Dudzik soll im notorisch überlasteten Team die täglich anfallenden Buchungen übernehmen – ein simpler Routinejob. Dudzik erledigt seine Arbeit so schnell, gewissenhaft und engagiert, dass Linden nach einiger Zeit versucht, ihm zusätzlich höherwertige Aufgaben anzuvertrauen und ihn damit „weiterzuqualifizieren". In seinem Bezugsrahmen sollte jeder seine Fähigkeiten ausbauen und einen Aufstieg anstreben, besonders als Mann und Ernährer der Familie. Doch Dudzik blockt ab: Zusätzliche Tätigkeiten bedeuten häufige Überstunden. In seinem Bezugsrahmen sollte ein Familienvater aber viel Zeit mit Frau und Kindern verbringen. Außerdem waren in seiner Familie Karrieristen immer verschrien. Jobst Linden appelliert an Dudziks Ehrgeiz, schildert die Vorzüge anderer Aufgabengebiete, lockt mit höherem Gehalt und setzt ihn schließlich unter Druck, indem er ihm vorwirft, die Kollegen im Stich zu lassen. Ohne Erfolg. Das Klima wird immer frostiger und Dudzik lässt sich in eine andere Abteilung versetzen.
Als ihn seine Frau fragt, warum er denn nicht wenigstens ein klärendes Gespräch mit Linden gesucht habe, reagiert Dudzik wütend: „Kohle ist mir eben nicht so wichtig. Und so ein Schlipsträger-Job ist nichts für mich.

Außerdem weiß doch jeder, dass bei uns die Führungskräfte sowieso machen, was sie wollen. Ich bin doch nur ein kleines Licht, da hört keiner auf mich. Und dem Linden hat meine Nase von Anfang an nicht gepasst."

Unser Bezugsrahmen ist ein Muster aus Gedanken, Gefühlen, Verhaltensweisen und setzt sich zusammen aus:

- Vorannahmen und Phantasien,
- Einstellungen und Vorurteilen,
- Wünschen und Befürchtungen,
- Wertvorstellungen und Verhaltensnormen.

"Wir sehen die Welt nicht, wie sie ist. Wir sehen die Welt, wie wir sind."
Aus dem Talmud

Wenn Sie sich bei Ihren Gesprächspartnern effektiv durchsetzen wollen, müssen Sie deren Bezugsrahmen in Ihrer Strategie berücksichtigen. Andernfalls dürfen Sie sich nicht wundern, wenn der andere seine Verteidigungswälle hochzieht oder es zu Missverständnissen kommt. Jeder geht nämlich unbewusst davon aus, dass der eigene Bezugsrahmen auch für andere Menschen gilt. Wie aber kommen Sie hinter den Bezugsrahmen Ihres Gesprächspartners?

Hören Sie aktiv und analytisch zu

Sind Sie emotional und gedanklich in erster Linie mit Ihrer eigenen Position beschäftigt, wenn Sie sich durchsetzen wollen? Feilen Sie bereits an den eigenen Argumenten, während der andere noch redet? Warten Sie nur auf die Stelle, an der der andere Luft holt und Sie nun selbst einsteigen können? Diese Verhaltensweisen sind weit verbreitet, doch auf diese Weise entgehen Ihnen wichtige Informationen darüber, wie der andere denkt, fühlt, entscheidet.

Überzeugend argumentieren können Sie nur, wenn es Ihnen gelingt, sich in Ihr Gegenüber hineinzuversetzen. Dazu brauchen Sie Geduld und die Fähigkeit, aktiv und analytisch zuzuhören:

- Konzentrieren Sie sich ganz auf Ihren Gesprächspartner und verfolgen Sie seinen Gedankengang bis zum Schluss.
- Fragen Sie sich, was er Ihnen alles mitteilt:
  - Was ist der Kern seiner Sachinformationen?
  - Was ist ihm wichtig? Was beschäftigt ihn? Wie ist ihm gerade zumute?
  - Welche Interessen verfolgt er mit dem, was er sagt? Welche Wünsche und Befürchtungen schwingen mit?
  - Wie ist der aktuelle Kontakt zu mir? Zu anderen? Welche Beziehungen und Verflechtungen spielen eine Rolle für ihn?
- Prüfen Sie aber auch, wie stichhaltig die Argumente sind. Achten Sie auf Verallgemeinerungen, Vorannahmen, Unterstellungen, Schwammigkeiten, Scheinbegründungen.
- Bleiben Sie sich Ihres eigenen Bezugsrahmens bewusst! Er verführt dazu, nur das zu hören, was man hören will: Was den eigenen Vorstellungen entspricht, wird aufgebauscht, was nicht, wird überhört und ausgeblendet.

Klären Sie die Bedeutung von Aussagen

Beispiel

Sachbearbeiter Max Krause ist sauer. Hatte er sich doch endlich zu einem Krisengespräch durchgerungen und dabei mit seiner Kollegin Tina Klein vereinbart, dass diese mehr Schadensmeldungen pro Woche bearbeiten solle. Nach einem Monat hat er den Eindruck, dass sich nichts geändert hat. Zur Rede gestellt, reagiert Tina Klein empört: „Ich habe mindestens 4 Fälle die Woche mehr gemacht." Krause entgleist das Gesicht: „Nur 4 Fälle? Wir haben mindestens 20 Fälle pro Woche, die liegen bleiben!"

Offensichtlich haben sich die beiden nicht darüber verständigt, was sie konkret unter „mehr" verstehen. Denn jeder Mensch gibt Worten die Bedeutung, die seinem eigenen Bezugsrahmen entsprechen. Klären Sie, was der andere meint. Achten Sie dabei aufmerksam auf die vier Aspekte seiner Nachricht. Geben Sie den Gehalt der Nachricht mit eigenen Worten wieder (paraphrasieren), sprechen Sie auch unterschwellige Motive und Gefühle an (verbalisieren).

Beispiele: Paraphrasieren	Beispiele: Verbalisieren
Wenn ich Sie richtig verstanden habe ... Sie meinen also, dass ... Ich fasse noch mal zusammen ... Für Sie kommt es also darauf an ... Mit anderen Worten ...	Sie befürchten also, dass ... Ich habe den Eindruck, Sie sind jetzt sehr enttäuscht. Sie fühlen sich ... Ich kann mir vorstellen, dass Sie sich genau das wünschen.

Wichtig: Vermeiden Sie dabei auf jeden Fall eigene Interpretationen und Bewertungen! Ihr Partner setzt sich sonst zu Recht dagegen zur Wehr, dass ihm das Wort im Mund herumgedreht wird.

Beispiel: Eine Unterstellung
A: „In dieser schwierigen Situation müssen wir alle Opfer bringen."
B: „Wenn ich Sie richtig verstehe, wollen Sie die Lage nutzen, um aus uns noch das letzte Bisschen herauszupressen."

Fragen Sie nach

Der Bezugsrahmen setzt sich aus vielen Mosaiksteinen zusammen. Erkunden Sie den Ihres Gegenübers durch gezielte Fragen. Dazu eignen sich besonders folgende Fragearten:

Offene Fragen	
Woran erkennen Sie sie?	Beginnen mit einem Fragewort (W-Fragen): was, wer, wie, wozu ...
Wie wirken sie?	Öffnen den Gesprächspartner, da er seine Antwort frei und differenziert formulieren kann.
Wann setzen Sie sie ein?	▪ Wenn Sie den Partner zum Reden anregen möchten. ▪ Wenn Sie möglichst viele Informationen über eine Sachlage brauchen. ▪ Wenn Sie etwas über Hintergründe, Motive, Sichtweisen, Einstellungen und Bewertungen Ihres Partners erfahren möchten.
Beispiele	▪ Wie sehen Sie das? ▪ Was bedeutet das für Sie? ▪ Inwiefern ist das wichtig für Sie? ▪ Worauf kommt es Ihnen besonders an? ▪ Was verstehen Sie konkret darunter? ▪ Welche Erwartungen haben Sie?

Geschlossene Fragen	
Woran erkennen Sie sie?	Beginnen mit einem Verb oder Hilfsverb: haben, können, wollen ...
Wie wirken sie?	Bremsen oder bringen den Gesprächspartner auf den Punkt, da er knapp mit „ja" oder „nein" antworten kann.
Wann setzen Sie sie ein?	▪ Wenn Sie kurz überprüfen möchten, ob Sie richtig verstanden haben. ▪ Wenn Sie ein Thema vorsichtig anstoßen möchten. ▪ Wenn Sie eine Bestätigung oder Entscheidung brauchen. ▪ Wenn Sie Ihren Partner dazu bringen möchten, klar Position zu beziehen.
Beispiele	▪ Meinen Sie damit, dass ...? ▪ Habe ich richtig verstanden, dass ...? ▪ Sind Sie einverstanden, wenn ...? ▪ Wollen Sie also ...? ▪ Können wir also festhalten ...? ▪ Ist das jetzt Ihr letztes Wort?

Wichtig: Setzen Sie Fragen bewusst und gezielt ein! Fragen Sie nichts Überflüssiges ab, befriedigen Sie nicht lediglich Ihre Neugierde. Sonst bekommt Ihr Partner den Eindruck, er werde verhört, reagiert mit Abwehr und „macht dicht".

„Wenn es ein Geheimnis des Erfolgs gibt, so ist es das, den Standpunkt des anderen zu verstehen und die Dinge mit seinen Augen zu sehen." (Henry Ford)

Stellen Sie eine Wellenlänge her

Erinnern Sie sich: Die Beziehungsebene bestimmt, wie die Sachebene aufgenommen wird. Sie brauchen also einen guten Kontakt zu Ihrem Gegenüber, wenn Sie sich ohne große Reibungen mit Ihren Interessen durchsetzen wollen.

Der gute Draht entsteht, wenn sich Menschen sympathisch sind. Das wissen Sie natürlich auch. Aber wie entsteht Sympathie? Zum einen, wenn die Partner beim anderen Akzeptanz und Wertschätzung ihrer Person spüren und nicht um ihren Wert und ihre Würde kämpfen müssen. Damit verbunden ist die Grundposition „Ich bin o.k. – Du bist o.k.". Zum anderen sind uns Menschen sympathisch, die uns ähnlich sind: in Einstellungen, Verhaltensweisen oder äußeren Merkmalen.

Man hat festgestellt, dass Menschen, die sich gut verstehen, unbewusst diese Ähnlichkeiten produzieren und sich angleichen. Umgekehrt funktioniert es auch: Wer sich ähnlich ist, versteht sich besser. Stellen Sie also in Gesprächen diesen zwischenmenschlichen Gleichklang bewusst her, indem Sie sich auf Denken und Verhalten des anderen einstellen. Sie docken auf diese Weise am Bezugsrahmen Ihres Gesprächspartners an. Um diesen guten Kontakt (Rapport) zu erzielen, haben Sie vielfältige Möglichkeiten:

Checkliste: Rapport herstellen

Bereich	Möglichkeiten der Angleichung
Körpersprache	▪ Sprechgeschwindigkeit, Tonfall ▪ Atemrhythmus ▪ Mimik, Gestik ▪ Körperhaltung, Körperspannung ▪ gleiche räumliche Ebene, z. B. beide sitzen oder stehen ▪ äußeres Erscheinungsbild, z. B. formell oder lässig
Sprache	Sprachmuster, z. B. Formulierungen, Fach- und Schlüsselwörter wiederholen; bildhafte, gefühlsbetonte oder sachliche Sprache verwenden; kurze, knappe oder detailreiche Aussagen
Einstellungen	▪ Was ist uns wichtig? ▪ Was lehnen wir ab? ▪ Was macht uns Spaß?

Rapport herstellen bedeutet nicht, den anderen nachzuäffen oder zwanghaft der gleichen Meinung zu sein. Der gute Kontakt entsteht vielmehr, weil Sie dem anderen zeigen, dass Sie ihn respektieren, so wie er ist, ihn aufmerksam wahrnehmen und sich für seine Gedanken und Gefühle interessieren.

Ist Ihnen der Rapport gelungen, können Sie je nach Situation und den von Ihnen verfolgten Zielen den Kontakt weitergestalten:

- Rapport bewusst unterbrechen, um:
  - ein Gespräch abzukürzen und zum Ende zu führen,
  - redselige Gesprächspartner zu bremsen,
  - dem Gesprächspartner Grenzen zu setzen, z. B. wenn er sich unfair verhält und Sie Ihre Haltung "ich bin o.k. / du bist o.k" nicht mehr aufrecht erhalten können,
  - eigene Grenzen zu markieren, z. B. wenn Sie Ihr wirklich letztes Angebot oder Zugeständnis gemacht haben.
- Sprachliche und körpersprachliche Muster schrittweise verändern, um:
  - den Gesprächspartner auf unbewusster Ebene einzuladen, sich auf alternative Sichtweisen einzulassen,
  - den Gesprächspartner zu führen, damit er sich Ihrer Strategie und Zielrichtung anschließt.

„Am meisten mögen wir die, die uns ähnlich sind und die sich für dieselben Ziele einsetzen wie wir." (Aristoteles)

Wie Sie überzeugend argumentieren

Ihre Durchsetzungskraft fördern Sie am nachhaltigsten durch eine Argumentation, die zwei Erfolgskriterien miteinander verbindet:

- Sie stellt den eigenen Standpunkt mit wirkungsvollen Formulierungen dar.
- Sie knüpft am Bezugsrahmen des Partners an und baut auf seinen Sichtweisen und Erwartungen auf.

Nutzen Sie dafür die folgenden Steuerungselemente in Ihrer Argumentation.

Element 1: kraftvoller Sprachstil

Beispiel

Teamleiterin Diehl kommt unter Druck, denn die Diskussion läuft komplett aus dem Ruder. Nur noch zehn Minuten Besprechungszeit, und ihre Mitarbeiter bleiben nicht beim Thema, sondern haken sich in Histörchen, Frotzeleien und Nebengesprächen fest. Diehl entschließt sich einzugreifen: „Entschuldigung, aber könnten wir vielleicht noch mal zum Thema kommen? Ich würde das eigentlich gerne heute noch abschließen." Die Truppe zeigt sich wenig beeindruckt, nach kurzer Zeit geht das Getümmel weiter.

Unsichere Menschen wagen oft nicht, ihre Forderungen klar zu formulieren. Stattdessen benutzen sie unbewusst verbale „Weichspüler", um die vermeintlich harte Forderung abzufedern und die Beziehung zu anderen nicht zu gefährden. Doch sie schwächen damit die eigene Aussagekraft und werten die eigenen Belange als nebensächlich ab. Gerade Frauen neigen dazu, eigene Interessen verbal zu verharmlosen. Wenn Sie sprachlich jedoch auf Macht verzichten, laden Sie Ihr Gegenüber geradezu ein, die eigene Meinung durchzusetzen.

Checkliste: Vorsicht Weichspüler!

Konjunktive	könnte, dürfte, müsste, sollte, wäre, hätte
Entschuldigungen	„Tut mir leid, aber ..." usw.
Floskeln	eventuell, eigentlich, vielleicht, irgendwie, manchmal
unbeendete Aussagen	„Könnten wir schon so machen ..." (... aber ich halte das für keine gute Lösung.)
Fragen statt Aussagen	„Das geht so nicht in Ordnung?" „Wir entscheiden das jetzt?"
Selbstverkleinerungen	„Ich verstehe nicht viel davon, aber muss man nicht erst den Strom anstellen?"
Zaunpfähle	„Die Tastaturen müssten mal wieder gereinigt werden." „Scheint schwierig zu sein, die Belege richtig abzuheften."

Nutzen Sie die Elemente souveräner Kommunikation, formulieren Sie Ich-Aussagen!

Beispiel

Auch Teamleiterin Diehl ist mit folgender Aussage sicherlich erfolgreicher: „Bitte lassen Sie uns beim Thema bleiben. Ich möchte den Punkt in den letzten zehn Minuten noch abschließen."

Element 2: deutliche Formulierungen

Beispiel
„Also, was ich noch sagen wollte ..., aber nur wenn jetzt kein anderer ... nein? Also gut, äh, was ich zum Ausdruck bringen will, ist, dass – bei allem Verständnis für individuelle Präferenzen in der Perzeption von Ereignisfolgen – wir die Kausalitäten dieser, ähm, unschönen, um nicht zu sagen prekären Situation nicht aus den Augen verlieren dürfen. Sind wir da ..., also der Vorstand ist auch der Meinung ,...oder wie sehen Sie das?"

Ausschlaggebend für die Überzeugungskraft Ihrer Argumente ist nicht die Anzahl der Worte, sondern deren Qualität! Formulieren Sie Ihre Argumente deutlich und gezielt, sonst erkennt Ihr Gegenüber den Wald vor lauter Bäumen nicht. Auch gefühlsmäßig reagiert Ihr Partner positiver auf Aussagen, die er sofort versteht.

- Formulieren Sie kurze Sätze, verwenden Sie gebräuchliche Wörter. Sprechen Sie deutlich.
- Gliedern Sie Ihren Gedankenablauf logisch. Machen Sie bei längeren Aussagen den roten Faden deutlich. Dabei helfen Ihnen auch die Gliederungsformeln von Seite 79.
- Konzentrieren Sie sich auf das Wesentliche: Weniger ist meistens mehr.

Element 3: logische Argumente

Verleihen Sie Ihren Argumenten Durchschlagskraft, indem Sie Ihre Gedanken nachvollziehbar aufbauen. Das logische Grundmuster der Argumentation besteht aus zwei Schritten: aus einer These und einem oder mehreren Argumenten, die diese These begründen.

These		Argument
Behauptung	⇔	Beweis
Forderung	⇔	Begründung
Schlussfolgerung	⇔	Voraussetzung
Lösungsvorschlag	⇔	Problemstellung

Die These (T) kann vor oder nach dem Argument (A) stehen. Sie können sie durch Verknüpfungswörter markieren: „deshalb“, „darum“, „folglich“. Argumente können Sie durch Wörter wie „denn“ und „weil“ einführen. Bei kontroversen Themen ist es günstiger, wenn Sie Ihre These erst nach den Argumenten nennen. Denn wenn Ihr Gesprächspartner erst mal Ihre Position kennt, sucht er meist sofort nach Gegenargumenten und folgt Ihren Argumenten nur mit einem Ohr.

Beispiel

T: „Die von mir vorgeschlagene Lösung ist die effektivere,	⇔	A: denn sie verkürzt die Bearbeitungsdauer um einen halben Tag.“
T: „Wir sollten Frau Weber im nächsten Jahr befördern,	⇔	A: weil sie auch höherwertige Aufgaben hervorragend erfüllt hat.“
A: „Ich habe verantwortlich alle Projekte zum Erfolg geführt,	⇔	T: folglich steht mir auch ein entsprechendes Gehalt zu.“
A: „Die Luft in unserem Besprechungsraum ist zum Schneiden,	⇔	T: deshalb schlage ich vor, dass nur in den Pausen geraucht wird.“

Element 4: positive Formulierungen

Das „Wie“ Ihrer Aussage entscheidet, wie Ihr Gesprächspartner sie aufnimmt. Wenn Sie die Aufmerksamkeit des anderen auf Einschränkungen und negative Aspekte lenken, bringen

Sie ihn emotional und mental in eine schlechte Verfassung. Negative Inhalte sind oft nicht zu vermeiden, wenn Sie die Sachlage nicht verfälschen wollen. Sie wirken jedoch sympathischer, wenn sie positiv formuliert sind. Steuern Sie also die Meinung des anderen, indem Sie ihn zu einer positiven Sichtweise anleiten.

Beispiel

negative Formulierung	positive Formulierung
Ich bin Montag nicht im Büro.	Ich bin ab Dienstag zu erreichen.
So geht das nicht.	Was halten Sie von dieser Idee?
In der Zeit ist das nicht zu schaffen.	Ich kann das in der gewünschten Qualität erledigen, wenn ich eine Stunde mehr Zeit bekomme.
Das weiß ich nicht, ich kenne mich da noch nicht aus.	Damit Sie eine gesicherte Antwort bekommen, möchte ich mich erst genau informieren.
Dafür bin ich nicht verantwortlich.	Das liegt in der Zuständigkeit von Herrn Meier.

Wenn Sie Forderungen oder Wünsche an jemanden richten, sind positive Formulierungen besonders wichtig. Denn negative Aussagen sind ineffektiv: Sie lassen ausschließlich Bilder vom Unerwünschten im Kopf des anderen entstehen, rufen häufig Widerspruch und Abwehr hervor. Konzentrieren Sie sich deshalb auf Ihre Ziele und formulieren Sie das Gewünschte positiv. So begünstigen Sie die Zustimmung und das Handeln des Partners in Ihrem Sinne, weil Sie seine Aufmerksamkeit lösungsorientiert auf das Ziel richten.

Beispiel

negative Problemformulierung	positive Zielformulierung
Diese Reparatur ist total vermurkst. Das werde ich mir nicht bieten lassen.	Was werden Sie tun, damit ich wieder mit Ihrer Werkstatt zufrieden bin?
Ich fände es total unangenehm, wenn wir wieder zu spät kommen.	Ich fände es total angenehm, wenn wir diesmal pünktlich kommen.
Bitte vermeiden Sie alle Terminzusagen, die mit mir nicht abgestimmt sind.	Bitte vereinbaren Sie in Zukunft ausschließlich Termine, die mit mir abgestimmt sind.

Wenn Sie sich durchsetzen wollen, ist eine Position der Stärke wichtig. Viele sabotieren sich selbst, indem sie sich und ihre Angelegenheiten in vorauseilender Bescheidenheit sprachlich verkleinern oder abwerten. Verpacken Sie Ihre Aussagen positiv nach dem Motto: Das Glas ist halbvoll!

Beispiel

negativ: schwache Verpackung	positiv: starke Verpackung
Das Projekt ist nicht schlecht gelaufen.	Das Projekt habe ich mit meinem Team erfolgreich abgeschlossen.
Die Besprechungsteilnehmer waren einigermaßen angetan von dem Vortrag.	Der Vortrag hat die Teilnehmer weitgehend überzeugt, und folgendes sollten wir noch ergänzen ...
In diesem Bereich habe ich noch Defizite.	In diesem Bereich habe ich noch Steigerungsmöglichkeiten.

Element 5: Nutzenargumente

Ihre Argumente zünden nur, wenn Sie den Bezugsrahmen Ihres Partners berücksichtigen. Denn Sie werden sich nur dann mit Ihren Ideen und Vorschlägen durchsetzen, wenn der andere durch seine Zustimmung einen Nutzen hat. Führen Sie ihm also deutlich vor Augen, inwieweit Ihre Position seinen Interessen entspricht und er einen Vorteil gewinnt, wenn er sich Ihrer Position anschließt.

Checkliste: So bauen Sie Schritt für Schritt eine Nutzenargumentation auf

Bezugsrahmen klären	Erfragen Sie beim anderen – Sichtweisen, Werte – Kriterien, Entscheidungsstrategien – Bedürfnisse, Interessen, Erwartungen = mögliche Gründe, Ihnen zuzustimmen!
Bezugsrahmen bestätigen	Paraphrasieren und verbalisieren Sie die Kernpunkte. Ihr Partner sagt unwillkürlich „Ja" und fühlt sich verstanden.
Vorschlag machen	Beschreiben Sie Merkmale und Stärken Ihres Lösungsvorschlags.
Brücke zum Nutzen bauen	Arbeiten Sie durch eine Brückenformulierung auf den Vorteil hin.
Nutzen beschreiben	Verdeutlichen Sie, inwiefern die Zustimmung zu Ihrem Vorschlag ihm einen Vorteil, eine Lösung oder Hilfe bringt.

Beispiel

Verkäufer Peter Schmidt ist genervt. Das Sekretariat kommt bei der Erstellung von Unterlagen für eine Hausmesse nur schleppend voran. Nun möchte er eine Aushilfe einstellen, die die überlasteten Sekretärinnen unterstützt. Sein Chef ist von der Idee nicht begeistert, denn er scheut die zusätzlichen Kosten, wie Schmidt herausgefunden hat. Schmidt argumentiert: „Für Sie kommt es also sehr darauf an, die Messekosten im Rahmen zu halten. Sie befürchten, dass es unser ohnehin knappes Budget sprengt, wenn wir noch jemanden bezahlen müssen. Von der Zeitarbeitsfirma könnten wir eine qualifizierte Aushilfe bekommen. Aufgrund ihrer Erfahrung kann sie die Arbeit in einer Woche erledigt haben. Das gewährleistet Ihnen überschaubare Kosten, und wir müssen den Sekretärinnen keine Überstunden vergüten, was womöglich teurer kommt."

Beispiele für Brückenformulierungen

Das bedeutet für Sie ...	Damit erreichen Sie ...
Das bringt Ihnen ...	Damit bewirken Sie ...
Das sichert Ihnen ...	Das erlaubt Ihnen ...
Damit erzielen Sie ...	Damit können Sie ...
... fördert Ihr ...	... versetzt Sie in die Lage ...
... dient Ihnen ...	... schafft Ihnen ...

Wie Sie Ihre Körpersprache als Kraftverstärker nutzen

Beispiel

Stefan Lohse sitzt im Gespräch mit seinem Chef. Lohse hatte darum gebeten, weil er eine Gehaltserhöhung bekommen möchte. Als sein Chef die übliche Frage stellt, warum er ihm denn mehr Geld zahlen solle, zuckt Stefan kurz zusammen. „Jetzt geht's ans Schaulaufen.", seufzt er innerlich und legt dann mit seiner sorgfältig vorbereiteten Argumentation los. Als er seine Leistungen konkretisiert, schaut er den Chef kaum an. Als er über ein Projekt spricht, das zwar erfolgreich, aber auch teurer als geplant war, redet er plötzlich so leise, dass der Chef nachfragen muss. Stefan rutscht unbehaglich auf seinem Stuhl hin und her. Der Chef beendet das Gespräch mit den Worten, er sei noch nicht überzeugt und müsse darüber nachdenken. Stefan ist enttäuscht: Schließlich hat er doch die richtigen Argumente vorgebracht – oder?

Wenn Sie sich in Gesprächen und Verhandlungen durchsetzen wollen, kommt es beileibe nicht nur auf Ihre Argumente an. Genauso wichtig ist es, dass Sie durch Ihre Körpersprache Selbstsicherheit und Souveränität signalisieren. Durchsetzungsschwache Menschen sabotieren ihre Ziele vor allem dadurch, dass sie sich körperlich klein machen und wenig Raum einnehmen, ihre Kritik oder Forderung durch Lächeln entschärfen, zu leise oder monoton sprechen und kaum Blickkontakt halten.

Wenn Sie eine selbstsichere Ausstrahlung entwickeln wollen, können Sie auf einen Wechselwirkungsmechanismus setzen:

- **Die innere Haltung beeinflusst die äußere Wirkung:** Ihre Psyche meldet dem Körper, wie er sich verhalten soll. Unsicherheit schlägt sich in der Körpersprache nieder. Selbstbewusstsein und Zuversicht führen zu selbstsicherer Körpersprache. Stärken Sie Ihre Persönlichkeit!
- **Die äußere Haltung beeinflusst die innere Haltung:** Machen Sie sich bewusst, welche äußeren Signale Ihre Wirkung hauptsächlich beeinträchtigen. Trainieren Sie dann in diesen Bereichen die wichtigsten Signale der Selbstsicherheit. Andere Signale ziehen automatisch nach. Und Ihr Körper meldet Ihrer Psyche: Alles o.k., Selbstsicherheit und Gelassenheit empfinden!

Checkliste: Wichtige Körpersignale

Mimik	
untersicher – schwach	– ausweichender Blick, unterwürfiger Blick von unten nach oben – starrer, verspannter Gesichtsausdruck – Verlegenheitslächeln
sicher – souverän	– häufiger Blickkontakt zum Partner – flexibler, der Situation entsprechender Gesichtsausdruck
übersicher – aggressiv	– anstarren, aggressiv-arroganter Blick von oben nach unten – häufiges Augenbrauen- und Stirnrunzeln
Gestik	
untersicher - schwach	– keine, Hände und Arme spannungslos hängend oder hektisch-verkrampft – Bewegungen dicht am Körper – an sich selbst festhalten oder mit Gegenständen spielen, herumnesteln
sicher – souverän	– betonende Gesten zwischen Mund und Nabel, runde Bewegungen – ruhig und kontrolliert, lebhaft
übersicher - aggressiv	– Drohgebärden, nach vorne oder auf den anderen gerichtete Bewegungen – wildes Herumfuchteln, getaktete Bewegungen mit hoher Anspannung

Haltung	
untersicher – schwach	– sich klein machen, seitlich abwenden, Schultern hochziehen, Kopf schräg – Füße im Stand dicht zusammen – auf der äußersten Stuhlkante sitzen
sicher – souverän	– aufrechte Haltung, Schultern und Kopf gerade aufgerichtet halten – stabil und ruhig auf beiden Beinen stehen, Füße schulterbreit auseinander – ganze Sitzfläche ausfüllen
übersicher – aggressiv	– sich größer machen, Brustkorb aufplustern, Oberkörper weit vorbeugen, Kopf und Nase überhoch halten – breitbeiniger Stand
Distanz	
untersicher – schwach	– Distanz vergrößern, zurückweichen – möglichst wenig Raum beanspruchen
sicher – souverän	– Distanz flexibel der Situation anpassen – Raum beanspruchen
übersicher – aggressiv	– Distanz verringern, „auf die Pelle rücken", bedrängen
Tonfall	
untersicher – schwach	– leise, undeutliche Aussprache – monotone oder fragende Sprechmelodie – langsames Tempo, viele lange Pausen

sicher – souverän	– Lautstärke der Situation angepasst, deutliche Aussprache – abwechslungsreiche Sprechmelodie – ruhiges Tempo, angemessene Pausen
übersicher – aggressiv	– überlaut, extrem betonte Aussprache – ausrufartige Sprechmelodie – sehr schnelles, oft stakkatoartiges Tempo, sehr kurze oder keine Pausen

Wie Sie eine Gesprächsstrategie aufbauen

Bei einem Durchsetzungsgespräch geht es grundsätzlich immer darum, Position zu beziehen und die eigenen Wünsche und Bedürfnisse zu verwirklichen. Dabei können wir zwei Grundformen unterscheiden:

Das Überzeugungsgespräch

Hier wollen Sie Ihren Gesprächspartner dazu bringen, mit Ihnen zu kooperieren. Er soll sich Ihrer Meinung anschließen (oder sie zumindest akzeptieren), Ihre Einstellung teilen oder ein Verhalten zeigen, das Ihre Ziele aktiv unterstützt. Ihr Hauptaugenmerk liegt deshalb darauf, dem anderen Ihre Interessen so zu „verkaufen", dass er mit Ihnen an einem Strang ziehen möchte. Ihre Strategie: Sie berücksichtigen Wünsche und Bedürfnisse des anderen so weit wie möglich und verknüpfen sie mit der Erfüllung der eigenen Interessen für Lösungen zum beiderseitigen Vorteil.

Das Selbstbehauptungsgespräch

Hier wollen Sie sich in erster Linie klar positionieren, Stärke zeigen und sich von Ihrem Gesprächspartner abgrenzen. Wenn er nach dem Gespräch kooperiert: gut. Wenn nicht, nehmen Sie das in Kauf. Sie können sich innerlich davon lösen, dass der andere Ihren Standpunkt unbedingt gutheißt. Ihr Hauptaugenmerk liegt deshalb darauf, Ihre Meinungen und Wünsche deutlich und kraftvoll zu formulieren. Ihre Strategie: Sie teilen dem anderen Ihre Interessen glasklar mit, machen Hintergründe transparent, präsentieren Lösungen und zeigen zukünftige Auswirkungen auf. Punkt.

Die Situation bestimmt das Gespräch

Ihnen mag die erste Variante eher „weich", die zweite eher „hart" erscheinen. Tatsächlich stehen sie für zwei Pole situationsgemäßer Gesprächsführung. Für Sie ist es bei der Planung wichtig, sich mögliche Konsequenzen beider Varianten bewusst zu machen und situativ flexibel zu handeln. Denn nicht jedes Gespräch endet einvernehmlich. Manchmal stehen Lösungsalternativen oder die Zeit für Verhandlungen nicht zur Verfügung. Und wenn Ihr Gegenüber auf Ihre Kooperationsangebote nicht eingeht oder bewusst unfair handelt, heißt sich durchsetzen auch mal „Zähne zeigen"!
Ihre konkrete Gesprächsstrategie planen Sie in 3 Schritten:

1 Gesprächsziele setzen

2 Informationen und Argumente sammeln

3 Vorgehen planen

1. Schritt: Setzen Sie Gesprächsziele

Beispiel
Sabine Groß war schwer enttäuscht: Der Motor ihres nagelneuen Autos hatte ohne erkennbare Ursache häufig gestottert. Als sie den Wagen aus der Werkstatt abholte, sagte ihr der Meister, man habe nichts finden können. Also fuhr Sabine wieder nach Hause – schuldbewusst, aber nicht für lange. Denn kurz vor ihrer Haustür gingen die Motorprobleme wieder los. Stinksauer fuhr Sabine in die Werkstatt zurück und blaffte den Meister an. Der blieb cool und sah nur eine Möglichkeit: Sie müsse das Auto noch einmal dalassen. Unversehens fand sich Sabine im Bus auf dem Weg nach Hause wieder. Und qualmte vor Wut: Warum hatte sie sich nur so abspeisen lassen? Und warum saß sie jetzt in einem unbequemen Bus und nicht auf Garantie in einem praktischen Ersatzauto?

Wenn Sie nicht genau wissen, was Sie eigentlich erreichen wollen, sind Sie auf glückliche Zufälle und die Gunst Ihres Gesprächspartners angewiesen. Sie geben die Fäden aus der Hand und sind ein leichtes Opfer für halbgare Lösungen oder Überrumpelungsmanöver. Deshalb legen Sie mit der Klärung Ihrer Gesprächsziele den Grundstein für ein erfolgreiches Durchsetzungsgespräch!

Formulieren Sie also als Erstes ein klares und realisierbares Gesprächsziel (am besten schriftlich):

- Um welche inhaltlichen Punkte geht es mir?
- Welchen Standpunkt, welche Wünsche und Interessen verknüpfe ich mit diesen Punkten?
- Welche Ziele möchte ich dazu auf der Sachebene erreichen? Welche auf der Beziehungsebene?
  - Welche davon will ich auf jeden Fall erreichen? (Minimalziele)

  - Welche nehme ich mir als Idealfall vor? (Maximalziele)
  - Auf welche könnte ich verzichten? (aussortieren)
- Woran werde ich konkret messen bzw. erkennen, ob ich mein Ziel erreicht habe?

Berücksichtigen Sie bei der Zielformulierung die SMART-Formel (siehe Seite 37)!

2. Schritt: Sammeln Sie Informationen und Argumente

Nun untermauern Sie Ihr Gesprächsziel durch stichhaltige Argumente. Sammeln Sie alles, was für Ihren Standpunkt und Ihre Zielsetzung spricht:

- Welche Informationen haben Sie über Ihren Gesprächspartner, das Thema, wichtige Rahmenbedingungen? Welche brauchen Sie noch? Trennen Sie hierbei Fakten von Vermutungen und Gefühlen!
- Welche Argumente gibt es für Ihren Standpunkt? Welche davon haben am meisten Gewicht? Welche können Sie sich als „Reserve" halten?

Wenn Ihr Bezugsrahmen mit dem Ihres Partners übereinstimmen würde, bräuchten Sie sich vermutlich nicht durchsetzen: Er würde Ihnen von selbst den Weg frei machen. Sie müssen sich daher auch mit seiner Sichtweise auseinander setzen, wenn Sie ihn überzeugen wollen. Versetzen Sie sich also gedanklich in seine Lage und fragen Sie sich:

- Wie stellt sich die Situation vermutlich aus seiner Perspektive dar?
  - Welche Sachinformationen hat er?
  - Welche Wünsche, Bedürfnisse, Interessen hat er?
  - Wie sieht er seine Beziehung zu mir?
  - Mit welchen Emotionen ist die Situation für ihn verknüpft?
- Welche Standpunkte und Ziele wird er möglicherweise mit welchen Argumenten vertreten? Wie können Sie seine Argumente ggf. entkräften?
- Woran wird er vermutlich den Erfolg des Gesprächs messen? Was könnte Ihr Beitrag dazu sein?

Unabhängig davon, wie groß Ihr Einfühlungsvermögen ist: Letztlich sehen Sie die Perspektive Ihres Partners durch Ihren eigenen Bezugsrahmen. Deshalb ist es oft hilfreich, wenn Sie zusätzliche Blickwinkel heranziehen und die Sache mit einem neutralen Dritten besprechen. Versuchen Sie dabei aber nicht, diesen Dritten auf Ihre Seite zu ziehen, sondern lassen Sie ihn das Thema wirklich von seiner Warte betrachten!

3. Schritt: Planen Sie Ihr Vorgehen

Jede Art von Gespräch hat ihre eigene Dramaturgie. Die folgenden Leitfäden geben Ihnen erprobte Konzepte für häufige Formen von Durchsetzungsgesprächen an die Hand. Manche können Sie sicherlich übernehmen, andere an Ihre spezielle Situation anpassen.

Die eigene Meinung vertreten

Verbreitete Schwierigkeiten:
Viele Menschen halten mit ihrer Ansicht hinter dem Berg, weil sie Angst vor Kritik oder Blamage haben. Sie glauben, ihre Ansicht würde von anderen als falsch enttarnt oder umgehend mit Gegenargumenten zerfetzt.

Lösungsstrategie:
Legen Sie sich eine Statement-Technik zurecht, die Ihrer Argumentation Struktur, Logik und Gewicht verleiht.

Damit Ihr Gegenüber Ihren Gedankengang als logisch wahrnimmt, müssen Sie Ihre Argumente in einer schlüssigen Struktur anordnen. Hierbei helfen Ihnen Gliederungsformeln:

Die Standpunkt-Formel	
Standpunkt nennen	▪ ja oder nein ▪ pro oder contra
Standpunkt begründen	▪ 1–3 Argumente
Beweise anführen	▪ beweiskräftige Beispiele
Schlussfolgerung ziehen	▪ Wie sieht es also aus?
Appell aussprechen	▪ auffordern, etwas zu denken, zu fühlen oder zu tun

Die Lösungs-Formel	
Thema nennen	▪ Worum geht es?
Ist-Situation beschreiben	▪ Was ist / war?

Soll-Zustand beschreiben	▪ Was soll sein?
Lösung vorschlagen	▪ Wie lässt sich das erreichen?
Appell aussprechen	▪ Auffordern, etwas zu denken, zu fühlen oder zu tun

Die Pro- und Contra-Formel	
Thema nennen	▪ Worum geht es?
Pro-Argumente	▪ Was gibt es Positives?
Contra-Argumente	▪ Was gibt es Negatives?
im eigenen Sinne bewerten	▪ Welche Argumente überwiegen?
Ergebnis oder Appell aussprechen	▪ Was ist also meine Botschaft?

Wenn Sie längere Ausführungen planen, bedenken Sie: Argumente am Anfang und am Schluss haben größere Wirkung als die in der Mitte. Bringen Sie also die stärksten Argumente zu Beginn, setzen Sie mit einem weiteren starken einen glänzenden Schlusspunkt. Haben Sie Ihre Argumente ausgewählt, überlegen Sie, was an Gegenargumenten kommen könnte. Legen Sie sich dazu mögliche Entgegnungen zurecht.

Berechtigte Forderungen stellen

Verbreitete Schwierigkeiten:

Viele trauen sich nicht, Forderungen zu äußern, weil sie nicht sicher sind, ob sie auch das Recht dazu haben. Oder sie haben Angst, zu viel von den eigenen Bedürfnissen preiszugeben und dadurch angreifbar zu wirken. Durch Selbstverkleinerungstaktiken, verbale Weichspüler und Andeutungen versuchen sie, ihre Wünsche zu verbrämen und eine direkte Ablehnung zu vermeiden. Dadurch minimieren sie aber ihre Glaubwürdigkeit und die Gewichtigkeit ihrer Forderung.

Lösungsstrategie:
Machen Sie sich als Erstes klar: Sie haben das Recht, Ihre Wünsche und Bedürfnisse geltend zu machen. Nehmen Sie sich wichtig! Ihr Gegenüber kann selbst entscheiden, ob er Ihre Forderung erfüllt oder nicht. Er hat auch das Recht auf ein Nein. Das bedeutet dann, dass er Ihre Sicht und Ihre Maßstäbe nicht teilt, aber nicht, dass Sie als Person nicht genug wert sind.

Checkliste: Forderungen stellen

1	Nehmen Sie Blickkontakt auf, mit erhobenem Kopf.
2	Sagen Sie kurz und prägnant, was Sie wollen.
3	Schwächen Sie Ihre Forderung nicht durch unpassendes Lächeln ab. Sprechen Sie deutlich in ernsthaften Worten und natürlichem, bestimmtem Tonfall.
4	Wenn Sie wollen, begründen Sie Ihre Forderung kurz und knapp. Beschränken Sie sich auf maximal zwei Gründe, sonst wirkt Ihre Begründung wie eine Rechtfertigung.
5	Reden Sie auf „gleicher Augenhöhe" im Sinne der Grundhaltung "ich bin o.k. / du bist o.k.". Entschuldigen

	Sie sich nicht, machen Sie sich nicht kleiner, schmeicheln Sie sich nicht ein. Greifen Sie den anderen aber auch nicht an.
6	Wenn der andere nicht reagiert, wiederholen Sie Ihre Forderung kurz und prägnant. Sprechen Sie etwas lauter, verringern Sie leicht die Distanz zum anderen. Hüten Sie sich vor Begründungs- und Rechtfertigungstiraden.
7	Steigen Sie auf Bemerkungen und Fragen des anderen nicht zu tief ein. Wiederholen Sie Ihre Forderung knapp.
8	Wenn der andere Nein sagt, entscheiden Sie, ob sich der Aufwand lohnt. Wenn ja, schalten Sie um auf Strategien zur Einwandbehandlung. Wenn nein, akzeptieren Sie, dass der andere ein Recht auf seine eigene Entscheidung hat. Werten Sie es nicht als Angriff auf Ihre Person.

Kritik äußern und Probleme ansprechen

Verbreitete Schwierigkeiten:
Manche Menschen sind als Retter der Nation unterwegs: Sie haben Verbesserungsvorschläge für alles und jedermann parat. Dabei überschreiten sie aber oft Grenzen und wundern sich, wenn der andere auf die gut gemeinten Ratschläge undankbar reagiert. Eine weitere Schwierigkeit besteht darin, jemanden zu kritisieren, ohne ihn persönlich zu verletzen. Aus Angst, das Falsche zu sagen, sagen viele dann lieber gar nichts – und das Problem bleibt ungelöst.

Lösungsstrategie:
Klären Sie als Erstes Ihre Beweggründe ab, weshalb Sie jemanden auf ein Problem hin ansprechen wollen. Drei Motive sind legitim:

- Sie sind sachlich und / oder emotional von den Auswirkungen betroffen.
- Es gehört zu Ihren Aufgaben, z. B. als Vorgesetzter.
- Sie tragen mit dem anderen gemeinsam Verantwortung.

Trifft einer dieser Gründe auf Sie zu, ist Ihre Kritik berechtigt. Definieren Sie dann Ihr Gesprächsziel: Wollen Sie sich emotional entlasten, die Situation klären, Grenzen setzen, eine Anweisung durchsetzen oder das Problem gemeinsam mit dem anderen lösen?

Sammeln Sie nun die konkreten Fakten und Beobachtungen, die für Sie problematisch sind. Der Sinn besteht darin, dem Angesprochenen (und auch sich selbst) Ihre Kritik nachvollziehbar zu machen und ihn nicht pauschal zu verurteilen. Dagegen würde er zu Recht mit Abwehr reagieren. Verhindern Sie aber, dass Ihre Sammlung zum Sündendossier wird. Geben Sie Ihre kritische Rückmeldung deshalb möglichst zeitnah zum Geschehen, dann erinnern Sie sich beide auch besser an die konkreten Ereignisse.

Kritik ist eine Chance für den anderen, etwas über sich und die Wirkung seines Verhaltens zu lernen. Ob er etwas verändert, kann nur er selbst entscheiden. Damit Sie den Angesprochenen nicht persönlich verletzen und er für Ihre Kritik möglichst offen sein kann, formulieren Sie eine erweiterte Ich-Botschaft:

Checkliste: Erweiterte Ich-Botschaft

1. Schritt: Beschreiben Sie den Sachverhalt oder das Verhalten des anderen kurz und konkret mit Daten und Fakten. Bewerten Sie nicht.	„Ich habe festgestellt, dass ..." „Mir fällt auf, dass ..." „Ich habe gesehen / gehört / wahrgenommen ...."
2. Schritt: Beschreiben Sie Ihre emotionale Reaktion.	„Ich fühle mich dadurch ..." „Ich bin dadurch ..." „Das löst ... in mir aus."
3. Schritt: Stellen Sie die Auswirkungen (menschlich und / oder sachlich) auf die Situation dar.	„Dadurch kann ich ..." „Ich befürchte, dass ..." „Ich habe dadurch ..."
4. Schritt: Wenn es Ihr Gesprächsziel erfordert: Formulieren Sie Ihren Wunsch oder Ihre Erwartung als konkreten Veränderungsvorschlag.	„Bitte lassen Sie mich ..." „Ich erwarte, dass ..." „Ich wünsche mir von Ihnen, dass ..."

Checkliste: Kritikgespräch führen

1	Thema, Ort, Zeit vorher verabreden
2	Gesprächsbereitschaft fördern: – Rapport herstellen – Positives zuerst ansprechen, aber kurz halten
3	Kritik auf den Tisch legen: – erweiterte Ich-Botschaft verwenden – eigenes Ziel nennen
4	Sichtweise / Stellungnahme des anderen einholen: – offene Fragen stellen und aktiv zuhören
5	ggf. unterschiedliche Wahrnehmungen vergleichen
6	Vereinbarung treffen: – Erwartungen äußern und a) Anweisung geben oder b) Lösungsvorschlag des anderen einholen und / oder c) Vorschlag machen – (gemeinsam) entscheiden – festlegen, wer was bis wann tut, ggf. erneutes Feedback als Kontrollmodus vereinbaren – festgefahrene Gespräche abbrechen: vertagen oder Grundsatzfrage stellen ("Hat es noch Sinn, wenn wir...?")
7	Fazit: die wichtigsten Ergebnisse gemeinsam zusammenfassen

Kritik annehmen

Verbreitete Schwierigkeiten:

Jeder Mensch wünscht sich Anerkennung, deshalb hört niemand Kritik wirklich gerne. Je nachdem, welche Bedeutung der kritisierte Bereich für uns hat, berührt Kritik unser Selbstbild und unser Selbstwertgefühl. Wir erleben sie schnell als Abwertung und Ablehnung unserer Person. Deshalb gehen viele sofort in Abwehrhaltung, wenn sie kritisiert werden. Sie glauben, wenn sie die Kritik annehmen, haben sie verloren und der Kritisierende steht als Sieger da. Verschärfend wirkt, dass Kritik manch negative Botschaft aus der Kindheit scheinbar bestätigt.

Durch massive Abwehrmanöver setzen wir uns aber nicht durch, sondern verschärfen das Problem. Zum einen versucht der Kritisierende oft, doch noch zu beweisen, dass seine Kritik „stimmt" und legt noch einen Zahn zu. Zum anderen bringen wir uns um die Möglichkeit, etwas über uns zu erfahren, zu lernen und uns zu verbessern.

Lösungsstrategie:

Bewerten Sie Kritik als das, was sie ist: eine subjektiv gefärbte Information über die Wirkung Ihres Verhaltens, kein objektives Urteil über Ihre ganze Person. Bringen Sie ggf. Ihren Kritiker dazu, seine Kritik entsprechend konkret zu formulieren. Erlauben Sie ihm aber auch, seine Kritik auszusprechen und erkennen Sie nützliche Aspekte an. Dann braucht er sich nicht durch unnötige Schärfe zu beweisen.

Checkliste: Kritik annehmen

1 Thema, Ort, Zeit vorher verabreden:

- Gespräch möglichst nicht unter Zeitdruck, Stress oder zwischen Tür und Angel führen

2 Kritik aufnehmen:

- genau und aktiv zuhören
- ggf. erweiterte Ich-Botschaft abfragen:

  Wie kommen Sie zu diesem Eindruck? Was ist Ihnen konkret aufgefallen?

  Inwiefern ist das problematisch für Sie? Was macht Ihnen daran zu schaffen?

  Was ist Ihr Wunsch / Ihre Erwartung an mich?
- Kernpunkte paraphrasieren und versuchen, wirklich zu verstehen

3 Aspekte benennen, mit denen Sie etwas anfangen und die Sie anerkennen können:

- Prüfen Sie: An welchen Punkten ist etwas dran? Welche Hinweise könnten nützlich für Ihre Entwicklung sein? Sie entscheiden immer noch später selbst, ob Sie etwas bei sich verändern wollen.
- Hüten Sie sich davor, dem anderen seine Sicht oder seine Gefühle auszureden („Sie sehen das völlig falsch." „Nun regen Sie sich nicht so auf.").

4 Unberechtigte und unangemessene Kritik zurückweisen, falls erforderlich:

- Lehnen Sie den Inhalt der Kritik ab, wenn er auf fal-

schen Informationen beruht oder aus Unterstellungen, Anschuldigungen, Pauschalisierungen besteht. – Lehnen Sie die Art und Weise der Kritik ab, wenn sie aggressiv, beleidigend, verletzend vorgetragen wird. – Strecken Sie sich nach der Decke: Stürzen Sie sich nicht empört auf jeden „Fehltritt" Ihres Partners, vermeiden Sie millimetergenaue Rekonstruktionen vergangener Ereignisse. So vermeiden Sie Eskalationen.
5 Hintergründe für eigenes Verhalten erläutern: – Machen Sie Ihre Sicht transparent, begründen Sie Ihr Verhalten, falls es sachlich notwendig ist.
6 Fazit ziehen: – Was war für Sie wichtig und interessant? – Was bewerten Sie anders / wollen Sie beibehalten? – Was wollen Sie überdenken / ausprobieren / ändern?

(*in Anlehnung an Gührs / Nowak*)

Verhandeln

Verbreitete Schwierigkeiten:
Allzu häufig lassen sich Menschen zu nachteiligen Vereinbarungen verleiten, weil sie sich über die eigenen Verhandlungsziele und -spielräume nicht im Klaren sind. Dafür gibt es mehrere Gründe:

- Die Verhandlungssituation kommt überraschend zustande, man ist nicht darauf eingestellt, entscheidet voreilig.

- Man macht die eigene Forderung davon abhängig, was der andere zu bieten bereit ist.
- Die Beziehung zum Verhandlungspartner erscheint wichtiger als das Verhandlungsergebnis. Deshalb gibt man lieber nach, und es fällt schwer, Bedingungen zu stellen.
- Jeder verteidigt verbissen seine Position, ohne eine Lösung zu beiderseitigem Vorteil zu suchen. Oft ist der Preis hoch: Man sieht nur den kurzfristigen Sieg und verdrängt langfristige Nachteile.

Lösungsstrategie:
Lassen Sie sich nicht zu einer Spontanverhandlung überrumpeln, sondern vereinbaren Sie einen Termin. Bereiten Sie dann die Verhandlung gut vor und verschaffen sich eine starke Verhandlungsposition. Befolgen Sie im Gespräch den Grundsatz: Verhandeln ist gegenseitige Bedürfnisbefriedigung und Interessenausgleich – deshalb keine Leistung ohne Gegenleistung.

Checkliste: Verhandlung vorbereiten

1 Eigene Ausgangsposition klären:
- Um welche Themen geht es?
- Welche Wünsche / Bedürfnisse / Interessen habe ich bei jedem Thema?

2 Verhandlungsspielräume und Prioritäten definieren:
- Was ist das Minimum, das ich bekommen möchte?
- Was ist das Maximum, das ich realistisch fordern kann, ohne mich lächerlich zu machen?
- Was habe ich, das ich weggeben könnte?

  Worauf will ich maximal verzichten im Austausch gegen das, was ich möchte?

  Was kann ich als Minimum anbieten, ohne dass der andere mich dafür auslacht?
- Wann breche ich die Verhandlung ab?

Verhandeln ist ein Tauschgeschäft: Die meisten Menschen sind bereit etwas zu geben, wenn sie im Gegenzug etwas dafür bekommen oder behalten können.

3 Verhandlungsstärke aufbauen:
- Beste Alternative entwickeln: Welche attraktive und realistische Option habe ich, wenn es zu keiner Übereinkunft kommt?
- Welche Dinge kontrolliere ich, die für den anderen attraktiv sein könnten? Welche kontrolliert der andere, die für mich bei einem Kompromiss interessant wären?

Checkliste: Verhandlung führen

1 Themen der Verhandlung benennen – Ziel betonen, gemeinsam ein vernünftiges und gütliches Ergebnis zu erzielen
2 Interessen der Parteien erkunden – Interessen und Ziele des anderen herausfinden: aktiv zuhören, paraphrasieren, klärende Fragen stellen – selbst Informationen über eigene Interessen geben – Gemeinsamkeiten betonen, Unterschiede lösungsorientiert formulieren – Signale für mögliches Entgegenkommen des anderen wahrnehmen und selber aussenden
3 Gemeinsam nach Lösungsmöglichkeiten suchen – Vorschläge der anderen Partei einfordern – realistische Vorschläge machen und selbstbewusst vorbringen; nicht mit Maximalangebot beginnen, sonst nur noch Verhandlungsspielraum nach unten; keine Zugeständnisse ohne Gegenleistung machen – Möglichkeiten für gegenseitigen Nutzen suchen – Lösungen nicht zu früh bewerten, da sich so schnell die Positionen verhärten
4 Lösungen aushandeln – Lösungsvarianten nach objektiven Kriterien bewerten – Gesamtpaket schnüren statt sich auf einzelne Gegenstände zu fixieren; Kompromissbereitschaft zeigen, aber hart bleiben, wenn der andere kompromisslos ist

5 Abmachung treffen
- Vereinbarung für alle Gegenstände detailliert festhalten, am besten schriftlich
- sich nicht an Teilvereinbarungen binden, bevor nicht alles geklärt ist
- Ausführung der Entscheidung konkret festsetzen: Wer macht was bis wann? Wann und wie werden wir das Ergebnis überprüfen?

Wie Sie schwierige Situationen meistern

Wenn Sie nicht wissen, wie die Lage ist

Wenn Sie unterschiedliche Interessen, Standpunkte, Forderungen verhandeln, gerät leicht Sand ins Getriebe. Missverständnisse, Fehlinterpretationen, aber auch verletzte Gefühle und Unzufriedenheit mit dem bisher Erreichten oder der Art der Diskussion gehören zu den möglichen Ursachen. Das Fatale ist, dass dies häufig keiner der Beteiligten offen anspricht, sondern insgeheim hofft, dass die Wolken sich von selbst verziehen. Die Folge: Die Argumentationen laufen ins Leere, da der unterschwellige Konflikt Denken und Fühlen der Parteien beherrscht. Dabei registriert Ihr Bauch sicher die Warnzeichen solcher Veränderungen: verschärfter Ton, die Parteien sprechen lauter und hören immer weniger zu, Blickkontakt wird eher vermieden, verhärteter Gesichtsausdruck, Rückzug durch Schweigen, um nur einige zu nennen.

Wie können Sie sich besser durchsetzen?

Wenn das Gespräch nicht mehr rund läuft, sollten Sie ein „Gespräch über das Gespräch" (Metakommunikation) führen, um gemeinsam die Ursachen für die Störung herauszufinden und möglichst zu beheben. Denn wenn Sie versuchen, die Sachseite durchzudrücken, obwohl die Beziehungsebene nicht stimmt, verhärten sich schnell die Fronten. Das Erreichen Ihres Ziels wird immer schwieriger. Klären Sie also erst die Beziehungsebene, bevor Sie mit der Sache weitermachen. Eine geklärte Beziehung ist dabei nicht gleich Harmonie. Oft hilft schon zu wissen, wo der andere steht.

Checkliste: Metakommunikation

1. Sagen Sie, dass Sie eine Pause einlegen und mit dem / den anderen eine Zwischenbilanz ziehen möchten. Benennen Sie Ihren aktuellen Eindruck von der Situation.
2. Fassen Sie zusammen „Was bisher geschah" und geben Sie ein Feedback in Form einer erweiterten Ich-Botschaft. Inhalte können z. B. sein: Vorgehen, Umgang miteinander, bisheriges Ergebnis. Benennen Sie: Was davon hat die Zusammenarbeit wie gefördert, was hat sie wie behindert?
3. Erfragen Sie die Sichtweise der anderen.
4. Entscheiden Sie gemeinsam: Was wollen wir im weiteren Verlauf beibehalten, was wollen wir anders machen?

Wenn der andere nicht auf Sie eingeht

Was tun Sie, wenn trotz aller Verhandlungskunst Ihr Gesprächspartner Ihre Wünsche einfach abschmettert oder überhaupt nicht reagiert? Ziehen Sie sich enttäuscht oder beleidigt zurück? Werden Sie persönlich oder aggressiv, oder überschütten Sie ihr Gegenüber mit vermeintlich immer stichhaltigeren Argumenten und treiben ihn damit erst recht in trotzigen Widerstand? Ihr Ziel erreichen Sie mit keiner Taktik!

Wie können Sie sich besser durchsetzen?

Verabschieden Sie sich von der Idee, dass es für jede Situation eine wahre und eine falsche Sicht gibt. Für den einen ist das Glas halb voll, für den anderen halb leer, und beide haben auf ihre Weise (aufgrund ihres Bezugsrahmens!) Recht. Daher ist es manchmal überflüssig, den anderen durch die besseren Argumente überzeugen zu wollen – Sie eröffnen damit nur einen fruchtlosen Kampf um die „wirklich" wahre Sichtweise.

Durchsetzungsschwache Menschen empfinden ein „Nein" zu ihren Wünschen als massive Ablehnung ihrer Person. Erfolg versprechender ist es, sich klar zu machen, dass ein „Nein" zur Sache kein „Nein" zum Menschen ist. Halten Sie die Unterschiedlichkeit in der Sache aus und bleiben Sie beharrlich bei der eigenen Forderung, wenn Sie sie für wichtig halten.

Checkliste: Hartnäckig bleiben

1 Nehmen Sie Blickkontakt auf, zeigen Sie Haltung. Sprechen Sie klar und deutlich in bestimmtem Tonfall, legen Sie Ernst in Mimik und Gestik.

2 Paraphrasieren Sie kurz den Standpunkt des anderen. Sie zeigen ihm damit, dass Sie ihn verstanden haben und reduzieren mögliche Abwehrreaktionen.

3 Formulieren bzw. wiederholen Sie Ihre Forderung. Begründen Sie kurz (!), warum sie Ihnen wichtig ist. Rechtfertigen Sie sich nicht.

4 Bei Einwänden und Gegenargumenten: Paraphrasieren Sie diese und wiederholen anschließend auf entschlossene und selbstverständliche Art Ihre Forderung. Liefern Sie dazu max. ein- bis zweimal eine weitere Begründung.

5 Wenn Ihr Gegenüber auch nach mehrmaligen Wiederholungen nicht auf Ihre Forderung eingeht: Wägen Sie Alternativen ab.

- Wie weit können Sie von Ihrer Maximalforderung abrücken? Welche Möglichkeiten gibt es für einen Kompromiss oder einen anderweitigen Ausgleich?
- Ist es vielleicht besser, das Gespräch zu vertagen?
- Ist es überhaupt realistisch, das Gewünschte von diesem Partner zu bekommen? Lohnt sich der Aufwand?

6 Wenn Ihr Gegenüber Sie provoziert oder angreift: Gehen Sie nicht darauf ein, sondern wiederholen Sie nachdrücklich Ihren Forderungssatz. Falls nötig immer wieder.

Wenn man an Ihren Argumenten zweifelt

Wenn Sie sich durchsetzen wollen, wird Ihnen Ihr Gegenüber häufig nicht freudestrahlend Recht geben, sondern Ihren Argumenten mit Bedenken, Zweifeln, Einwänden begegnen. Begehen Sie dann nicht die folgenden Fehler:

- **Todsünde „Kampfansage":** Sie wollen dem anderen zeigen, dass er Unrecht hat. Nonverbal plustern Sie sich auf und zeigen, dass Sie gereizt, genervt, unwillig sind. Verbal werten Sie den anderen durch massive Gegenargumentation ab („Das sehen Sie völlig falsch ..."). Ihre Reaktion wirkt aggressiv-überheblich, der andere lehnt Sie und Ihre Argumente jetzt erst recht ab.
- **Todsünde „Unterwerfung":** Sie sind tüchtig erschrocken, es verschlägt Ihnen die Sprache. Nonverbal schrumpfen Sie zusammen und zeigen, dass Sie sich unterlegen fühlen oder sogar aufgeben. Verbal schwächeln Sie, indem Sie unklar formulieren oder unvollständig antworten. Ihre Reaktion wirkt unsicher, der andere gewinnt Oberwasser.

Wie können Sie sich besser durchsetzen?

Fühlen Sie sich nicht persönlich angegriffen, sondern begegnen Sie Einwänden mit einer positiven Einstellung: Einwände sind normal und signalisieren grundsätzliches Interesse. Sie bleiben mit dem anderen im Gespräch und erhalten wichtige Informationen, die Ihnen zeigen, wie Sie den anderen überzeugen können. Gehen Sie dabei methodisch vor!

Checkliste: Schritte der Einwandbehandlung

1 Einwand annehmen

- Aufnahmebereitschaft signalisieren: Stimmen Sie sich positiv ein und bleiben Sie sachlich und interessiert.
- Einwand akzeptieren: Hören Sie aktiv und analytisch zu, lassen Sie den anderen ausreden. Sie erhalten wichtige Informationen, Ihr Partner kann Druck ablassen.
- Verständnis zeigen: Drücken Sie aus, dass Sie die Sicht des anderen nachvollziehen können. Das heißt nicht, dass Sie ihm inhaltlich zustimmen.

2 Einwand filtern

- Fragen stellen: Finden Sie ggf. durch gezielte Fragen heraus, welche Gründe es für den Einwand gibt. Fragen Sie nicht „warum", das bringt Ihren Partner in Verteidigungshaltung. Fragen Sie lieber lösungsorientiert, was ihm wichtig ist, worauf es ihm ankommt.
- Denkpause einlegen: Falls es nichts nachzufragen gibt, können Sie ruhig überlegen, bevor Sie antworten. Sie zeigen dem anderen, dass Sie seinen Einwand wichtig nehmen und sich damit auseinander setzen.

3 Einwand entkräften

- Antworten Sie mit kurzen und präzisen Erklärungen und Argumenten. Sprechen Sie ruhig und sachlich.
- Nutzen Sie die Methoden zur Entkräftung. Stimmen Sie dabei Ihre Reaktion auf die Situation ab.

Checkliste: Methoden zur Entkräftung

▪ **Die Erklärung** Mancher Einwand basiert auf einem Missverständnis. Stellen Sie kurz den richtigen Sachverhalt dar, ohne den anderen zum begriffsstutzigen Deppen zu stempeln. Sichern Sie durch eine geschlossene Frage ab, ob Sie beide nach der Erklärung auf einer Linie sind.
▪ **Der Beweis** Wenn der andere Zweifel anmeldet, liefern Sie stichhaltige Beweise: ähnliche Fälle, konkrete Erfahrungen, Zahlen, Daten, Fakten, praktische Demonstrationen usw.
▪ **Die Teilzustimmung** Stimmen Sie dem anderen in den Teilaspekten zu, die Sie ähnlich beurteilen oder die Sie nachvollziehen können (wollen). Danach führen Sie Ihre abweichenden oder weiterführenden Argumente an, die Ihre Linie unterstützen. Vermeiden Sie dabei die Worte „ja" und „aber": Ersteres nimmt der andere als komplette Zustimmung wahr, letzteres als komplette Verneinung. Alternativen: allerdings, obwohl, nur, jedoch, und. „Prinzipiell haben Sie Recht, nur liegt dieser Fall anders." „Das lässt sich nicht von der Hand weisen, allerdings sollte auch ..."

▪ **Die Kompensation von Nachteilen** Wenn der andere Nachteile in Ihren Vorschlägen sieht, die nicht zu leugnen sind, geben Sie diese unumwunden zu. Machen Sie dann klar, dass diese durch größere Vorteile eindeutig ausgeglichen werden.
▪ **Die Vervollständigung** Benennen Sie als Erstes Gemeinsamkeiten zwischen beiden Positionen. Stellen Sie dann Ihren Vorschlag als konstruktive Ergänzung der Gegenposition dar. „Die Einschränkungen sehe ich genauso wie Sie, und gerade deshalb spricht einiges für ..." „Ihre Ansicht teile ich in dem Punkt, nur haben wir dabei noch nicht berücksichtigt, dass ..."
▪ **Das dicke Fell** Manchmal lohnt es sich, einen Einwand zu überhören: Der andere hat Dampf abgelassen oder seine Wichtigkeit betont und hat nun eher ein offenes Ohr für Ihre Argumente.

Wenn man Ihnen das Wort im Munde umdreht

Wenn Sie Vorschläge, Nachfragen oder Argumente einbringen, ernten Sie vielleicht Antworten, die mehr oder weniger subtil am Thema vorbeigehen. Dabei ist eine Bandbreite von vorsichtigem Ausweichen bis hin zu massiven Gegenangriffen möglich. Ihr Partner verfolgt damit unbewusst das Ziel, die eigene Sicht / Position nicht in Frage stellen zu müssen.

Das Ausweichmanöver:
Ihre Aktion und seine Reaktion beziehen sich auf verschiedene Themen oder unterschiedliche Aspekte des Themas.

A: „Wir sollten das Thema beim Teammeeting besprechen."
R: „Diese ewigen Besprechungen gehen mir auf die Nerven."

A: „Was werden Sie jetzt tun, um das Problem zu lösen?"
R: „Wir haben hier noch mit anderen Problemen zu kämpfen."

Die Blockade:
Der andere stellt das angesprochene Thema grundsätzlich in Frage. Er versucht dadurch zu vermeiden, dass überhaupt über ein für ihn unbehagliches Thema geredet wird.

A: „Bitte geben Sie mir Bescheid, wenn Sie mit der Sache fertig sind."
R: „Seit wann gehört es zu Ihren Aufgaben, mich zu kontrollieren?"

A: „Bist Du mir jetzt böse?"
R: „Was heißt schon böse sein? Emotionen haben hier nichts zu suchen."

In Ihnen lösen solche Manöver das frustrierende Gefühl aus, dass sich das Gespräch im Kreis dreht und nichts bringt. Oft glauben Sie, die Dinge richtig stellen zu müssen: durch Erklärungen, Rechtfertigungen, Entschuldigungen oder eigene Abwehrreaktionen.

Wie können Sie sich besser durchsetzen?

Machen Sie sich bewusst, dass Ihr Partner in der Regel nicht aus Bösartigkeit so reagiert und bewahren Sie sich die Grundhaltung "Ich bin o.k. / Du bist o.k.", sonst eskaliert der Konflikt. Je nach Situation haben Sie verschiedene Möglichkeiten, zu Ihrem Anliegen zurückzuführen.

Checkliste: Strategien, mit denen Sie zu Ihrem Thema zurückführen können

- **Auf dem Thema beharren:**

  Achten Sie darauf, dass der andere Ihre Aussagen nicht subtil verdreht und auf dieser Basis das Gespräch weitergeführt wird. Sorgen Sie dafür, dass tatsächlich Ihr Thema bearbeitet wird. Führen Sie hartnäckig zum Ursprungsthema zurück:
  - „Der Punkt, um den es mir geht, ist ..."
  - „Meine eigentliche Frage war eine andere ..."
  - „Ich möchte noch mal auf das Thema zurückkommen ..."

- **Umweg machen:**

  Wenn Sie erfahren möchten, was hinter dem Manöver steckt und Ihren Partner beschäftigt, können Sie auch erst bewusst beim neuen Thema mitgehen. Das gibt Ihnen die Chance, Wertschätzung und Interesse zu signalisieren und zugleich Barrieren gezielt zu beseitigen. Aber Achtung: Führen Sie danach zu Ihrem Thema zurück.

- **Manöver ansprechen:**

  Wenn der andere bei seiner Verdrehungstaktik bleibt, konfrontieren Sie ihn damit:

  – „Sie haben immer noch nicht gesagt, wie Sie dazu stehen."
  – „Sie haben meine Frage noch nicht beantwortet. Ich möchte gern wissen..."

  Fordern Sie ihn auf, direkt zu sagen, worum es ihm geht:

  – „Wenn Sie nicht einverstanden sind, sagen Sie es bitte direkt."

  Geben Sie ihm evtl. auch ein Feedback darüber, was sein Verhalten bei Ihnen auslöst.

- **Unterschiedlichen Bezugsrahmen ansprechen:**

  Wenn der andere besonders aggressiv reagiert oder sich selbst stark abwertet („Ich bin hier ja sowieso nur ..."), können Sie folgende Fragen klären:

  – Welche subjektiven Vorstellungen hat der andere, dass er so reagiert? Wie erklärt er sich die Situation?
  – Wie könnten Sie eine gemeinsame Sicht herstellen?
  – „Ich bin sehr überrascht, wie Sie auf das Thema reagieren.
  – „Was verbinden Sie mit ...?"

- **Notausgang wählen:**

  Wenn alles nichts hilft und Ihr Gegenüber bei seinen Manövern bleibt: Brechen Sie das Gespräch ab.

(nach Gührs / Nowak)

Wie Sie Grenzen setzen

Beispiele

Wieder einmal sitzt Peter Becker noch um 18 Uhr im Büro. Da schaut sein Chef herein: „Herr Becker, gut dass Sie sind noch hier sind. Unser Kunde Butze hat heute angerufen und nach der neuen Maschine gefragt. Schreiben Sie mir doch bitte noch schnell ein Angebot, dann kann ich ihn gleich morgen früh anrufen." „Von wegen schnell." seufzt Becker innerlich. „Muss ich das Kino mit Sybille mal wieder abschreiben."

„Kann ich übers Wochenende zu Euch kommen?", fragt Sandra ihre Freundin Karin am Telefon. „Ich hab totalen Ärger mit Bernd und muss mich bei Dir mal richtig aussprechen. Bernd soll außerdem mal merken, was er an mir hat." „Natürlich", antwortet Karin mit bemühter Freundlichkeit. Selbst von einem anstrengenden Projekt erschöpft, hatte sie sich auf ein Faulenzerwochenende mit ihrem Mann gefreut. Jetzt ist sie bei der Aussicht auf zwei Tage Lebenshilfe mit Vollpension selber deprimiert.

Sind Ihnen solche Situationen wohlbekannt? Dann sollten Sie öfter das Wörtchen „nein" gezielt gebrauchen. Es ist das Instrument, mit dem Sie sich von Erwartungen und Forderungen anderer abgrenzen können. Denn Sie sind dazu berechtigt, sich selber wichtig zu nehmen und auf Ihre eigenen Bedürfnisse und Kraftreserven zu achten. Doch vielen Menschen fällt genau das schwer.

Typische Ja-Sage-Fallen

- Unrealistisches Harmoniebedürfnis: Um von anderen gemocht, akzeptiert und nicht abgelehnt zu werden, stellen Sie die eigenen Bedürfnisse zurück.
- Katastrophendenken: Sie haben Angst, dass Ihre berufliche Erfolgskurve sofort eine Riesendelle bekommt, wenn

Sie nicht alle Erwartungen erfüllen. Im Geiste sehen Sie schon Ihren Nachfolger auf der Matte stehen.

- Sich verpflichtet fühlen: Weil Ihnen der andere irgendwann einmal etwas Gutes getan hat, glauben Sie, ihm Dankbarkeit und Gegenleistungen schuldig zu sein, und zwar in jeder Form, jedem Ausmaß und für immer.
- Sich wichtig und unentbehrlich fühlen: Das natürliche Bedürfnis nach Anerkennung ist bei Ihnen übermäßig ausgeprägt, zumindest zeitweise. Lob, Schmeicheleinheiten und Beanspruchung vermitteln Ihnen das Gefühl von Stärke und Wichtigkeit und verführen Sie so zum „Ja".
- Angst, egoistisch zu wirken: Anderen zu helfen oder Rücksicht zu nehmen sind wichtige Werte, jedoch bei Ihnen bis zur Selbstverleugnung übertrieben.
- Sich abhängig fühlen: Sie überschätzen die Auswirkungen eines „Nein" auf Ihre (beruflichen) Beziehungen. Sie glauben, dass andere Ihnen sofort jede Unterstützung versagen, wenn Sie Ihren vermeintlichen Verpflichtungen nicht nachkommen.

Warum sich „Nein"-Sagen lohnt

- Sie gewinnen Zeit für wichtige Dinge in Ihrem Leben.
- Sie schützen sich vor Überlastung, dadurch entstehenden Fehlern und Problemen, vor Ausnutzung durch andere.
- Andere wissen, woran sie bei Ihnen sind: Nein ist Nein – weitere Manipulationsversuche zwecklos. Ja ist dann aber auch Ja, ohne nachträgliche Ausreden, Ausflüchte, Entschuldigungen – man kann sich auf Sie verlassen.

Übung: „Nein" oder nicht „Nein"

Schaffen Sie die Voraussetzung, damit Sie selbstbewusst und ohne schlechtes Gewissen „Nein" sagen können.

1. Beobachten Sie sich selbst: Sammeln Sie Situationen, in denen Sie „Ja" gesagt haben, obwohl Sie lieber „Nein" gesagt hätten.
   - Welche negativen Gedanken haben Sie daran gehindert?
   - Wie hat der andere kommuniziert und sich verhalten, damit Sie glaubten, „Ja" sagen zu müssen?
   - Was hat Sie Ihr „Ja" gekostet (Zeit, Energie, Ärger usw.)?
2. Machen Sie sich bewusst: In welchen Situationen, unter welchen Bedingungen wollen Sie zukünftig „Nein" sagen?
   - Welche Erlaubnis wollen Sie sich selber dazu geben?
   - Wie können Sie die negativen Gedanken in positive umwandeln, um Sie dabei zu unterstützen?
   - Wann ist Ihnen das alles schon einmal gelungen? Was spricht realistisch dagegen, dass es Ihnen wieder gelingt?
3. Üben Sie in Alltagssituationen, auf höfliche, aber bestimmte Art „Nein" zu sagen, beispielsweise wenn Ihnen in einem Geschäft etwas angeboten wird, was Sie nicht wollen (das berühmte Etwas mehr Aufschnitt, die Tönung beim Friseur usw.) oder wenn man Sie zu etwas drängt, wozu Sie keine Lust haben (Babysitten für die Freundin).

Checkliste: So sagen Sie selbstbewusst „Nein"

1 Lassen Sie sich nicht unter Zeitdruck setzen. Wenn Sie die Antwort noch nicht wissen, bitten Sie um Bedenkzeit.

2 Hören Sie auf Ihre innere Stimme:

- Wenn Sie Bauchschmerzen beim Gedanken an ein „Ja" haben, machen Sie sich bewusst, was Sie wollen und was nicht. Gleichen Sie die Anforderungen mit Ihren Zielen ab: Handeln Sie nicht gegen Ihre Interessen.
- Wägen Sie ab: Was könnte passieren, wenn Sie „Nein" sagen? Wie wahrscheinlich ist das? Was kostet Sie ein „Ja"? Wollen / können Sie das zahlen?
- Wenn Sie sich ein „Ja" prinzipiell vorstellen können, überlegen Sie, welche Rahmenbedingungen Sie noch für Ihr Handeln brauchen und fordern Sie diese ggf. ein.

3 Sagen Sie auf selbstverständliche Art und unmissverständlich „Nein". Rechtfertigen Sie sich nicht, fangen Sie nicht an zu argumentieren. Sie haben das Recht, Nein zu sagen. Verabschieden Sie sich allerdings von der Erwartung, Ihr Gegenüber müsse Ihnen zustimmen und Ihnen gewissermaßen eine Erlaubnis geben.

4 Bleiben Sie standhaft, auch wenn der andere Ihnen zusetzt. Sie müssen nur einmal öfter „Nein" sagen als Ihr Gegenüber versucht, Ihnen ein „Ja" abzuringen.

5 Zeigen Sie sich zuverlässig. Halten Sie ein „Ja" möglichst ein – es war Ihre Entscheidung und Verantwortung. Begrenzen Sie den Schaden und geben Sie umgehend Laut, wenn absehbar wird, dass Sie eine Zusage nicht einhalten können.

So verstärken Sie Ihre Wirkungskraft

Ihr erster Eindruck auf andere, eine starke Selbstdarstellung, nützliche und stabile Netzwerke – in diesem Kapitel erfahren Sie, wie Sie sich besser verkaufen und Ihre positive Wirkung auf andere verstärken.

Machen Sie Werbung für sich selbst!

Wenn sich andere im Berufsleben besser durchsetzen als Sie, hat das nicht unbedingt etwas mit deren enormer Leistung zu tun.

Gut sein allein genügt nicht. Sie müssen sich und Ihre starken Seiten auch gut „verkaufen" können und nicht darauf warten, dass andere diese schon von selbst bemerken.

Viele unterschätzen, wie stark ihre persönliche Selbstdarstellung die Beurteilung ihrer beruflichen Fähigkeiten und die Unterstützung durch andere beeinflusst. Dabei hat eine Studie längst gezeigt, dass Karrierechancen im Unternehmen von drei Hauptfaktoren abhängen: Der persönliche Bekanntheitsgrad entscheidet zu 60 % über Wohl und Wehe des Kandidaten, das Image und der persönliche Stil zu 30 %. Der Faktor Leistung dagegen fristet mit 10 % ein Schattendasein.

Rühren Sie also die Werbetrommel für sich selbst, wenn Sie sich beruflich durchsetzen wollen! Dabei geht es nicht um Schaumschlägerei oder das Verkaufen Ihrer Seele. Gekonnte Eigenwerbung bedeutet vielmehr, dass Sie

1 Bewusstheit für sich selbst und die eigenen Stärken entwickeln und wissen, was in Ihrem Umfeld von starken Persönlichkeiten erwartet wird,

2 eine klare Vorstellung haben, was Sie selbst erreichen wollen,
3 diese Qualitäten systematisch nach außen vermitteln.

1. Schritt: Ist-Situation ermitteln

Wenn Sie Ihre Selbstdarstellung gezielt verbessern wollen, müssen Sie zunächst definieren, von welcher Position aus Sie starten. Entscheidende Faktoren sind:

- Ihr Persönlichkeits-Portfolio,
- Ihr Aktions-Umfeld.

Ihr Persönlichkeits-Portfolio

Ihr Portfolio ist Ihre ganz persönliche Schatzkiste: Es bildet die Palette Ihrer Eigenschaften und Merkmale ab, die Sie einzigartig und unverwechselbar machen. In der Marketingsprache nennt man das auch Unique Selling Proposition (USP) – das einzigartige Verkaufsversprechen als wichtigstes Unterscheidungsmerkmal von anderen Produkten. Ihr Persönlichkeits-Portfolio ist der Grund, weshalb andere Sie als etwas Besonderes im Vergleich zu Ihren Mitbewerbern wahrnehmen.

Ihre persönlichen „Produktvorteile":
Welche persönlichen Eigenschaften machen den Kontakt mit Ihnen zu einem angenehmen, besonderen Erlebnis? Wie wirken Sie auf andere?
1. ....
2. ....

3. ....
4. ....
5. ....

Ihre beruflichen „Produktvorteile":

Lassen Sie Ihren Berufsweg Revue passieren. Welche beruflichen Stärken zeichnen Sie besonders aus? Bedenken Sie dazu:

- Welche Qualifikationen, Erfahrungen, besondere Fähigkeiten und Kenntnisse haben Sie, die Sie erfolgreich machen? Was haben Sie, was andere nicht haben?
- Was macht Ihnen besonders Spaß? Womit identifizieren Sie sich besonders stark?
- Was schätzen andere an Ihnen?

1. ....
2. ....
3. ....
4. ....
5. ....

Ziehen Sie ggf. Ihre persönliche Anerkennungsliste zu Rate!

Ihr Aktions-Umfeld

Wie sieht der „Markt" aus, in dem Sie sich durchsetzen wollen? Es ist nämlich nicht gleichgültig, welche Ihrer Besonderheiten Sie in den Vordergrund stellen. Berücksichtigen Sie je nach Situation folgende Faktoren:

- die Erwartungen der Zielgruppe, an die Sie sich wenden,
- das Image und die Kultur des Unternehmens, das Sie nach innen und außen vertreten,
- den äußeren Rahmen, in dem die Begegnung stattfindet.

Ihr Zielgruppenprofil:

1 Welche Werte und Normen für Verhalten und Erscheinungsbild herrschen in der Branche Ihrer Zielgruppe vor? Welche in der konkreten Firma oder Organisation?

2 An wen wenden Sie sich: Entscheidungsträger, Meinungsmacher, Ansprechpartner auf Arbeitsebene? Wie möchten Sie sich im Vergleich zu ihnen positionieren?

3 Nach welchen zentralen Kriterien beurteilt diese Gruppe ihre Gesprächspartner? Wodurch werden diese Kriterien hinreichend erfüllt?

Ihr eigenes Unternehmensprofil:

4 Welche Werte, Normen und Spielregeln gelten in Ihrem eigenen Umfeld? Welche Qualitäten sollen Mitarbeitern und Geschäftspartnern vermittelt werden?

5 Inwieweit erwartet Ihre Zielgruppe, dass Sie diese Qualitäten repräsentieren?

Der äußere Rahmen:

6 Wann und wo finden konkrete Begegnungen statt? Handelt es sich um einen formell-repräsentativen Anlass, einen Kontakt auf Arbeitsebene, ein informelles Treffen?

7 Welche Anforderungen ergeben sich daraus für Ihr Auftreten?

2. Schritt: Soll-Situation definieren

Überlegen Sie nun, wo Sie hin wollen. Erfolgreiche Menschen konzentrieren sich dabei auf wesentliche Schwerpunkte, die sie dann konsequent ausbauen. Formulieren Sie Ihre Marketingziele: Was wollen Sie erreichen? Berücksichtigen Sie dabei Ihre Vision und die SMART-Kriterien (siehe Seite 37).

Ihre berufliche Positionierung: ▪ Welche Karriereziele haben Sie mittel- und langfristig?
Ihr Image bei anderen: ▪ Wie wollen Sie dazu von anderen wahrgenommen werden? Welche persönlichen Qualitäten sollen andere spontan mit Ihnen verbinden?

3. Schritt: Strategie festlegen

- In welchen Schritten wollen Sie diese Ziele erreichen?
- Auf welche Art und Weise wollen Sie die dazugehörigen Qualitäten systematisch Ihrem Umfeld vermitteln?

Die folgenden Wirkungsmittel werden Ihnen dabei helfen.

Nutzen Sie die Macht des ersten Eindrucks!

Wenn Sie zum ersten Mal Kontakt mit einem anderen Menschen aufnehmen, entscheiden die ersten 10 bis 180 Sekunden, welche Meinung er sich unbewusst über Sie bildet. Dieser Prozess durchläuft drei Phasen:

1. Aufgrund Ihres Aussehens, Ihrer Körpersprache und Ihres Verhaltens entwickelt der andere blitzschnell ein Grundgefühl: positiv oder negativ, Freund oder Feind.
2. Nun ist er voreingenommen, und alles, was ihm weiter an Ihnen auffällt, wird ähnlich positiv oder negativ beurteilt.
3. Dann macht er sich ein Bild von Ihrer Gesamtpersönlichkeit und schreibt Ihnen Eigenschaften zu, die Sie zwar nicht gezeigt haben, die in seiner Vorstellung aber plausibel zu den ersten Eindrücken passen. Merkmale wie Intelligenz, Kompetenz, sozialer Status, Über- / Unterlegenheit usw. werden entsprechend in Sie hineininterpretiert.

Der erste Eindruck hält sich hartnäckig: Wenn Sie einmal in einer Schublade gelandet sind, holt der andere Sie nicht so schnell wieder heraus, selbst wenn Sie sich ganz anders zeigen. Je besser Sie in den ersten Minuten also die positiven Erwartungen Ihres Partners erfüllen, desto eher werden Sie sich durchsetzen können.

Wirkungsmittel Kleidung

Ihre Kleidung fällt anderen sofort ins Auge, deshalb steuern Sie damit wesentlich den ersten Eindruck. Durch Ihr Outfit schließen andere auf Ihre Kompetenzen und Ihren Status, aber auch auf Ihre Einstellungen und ihre Persönlichkeit.

In den meisten beruflichen Situationen ist es wichtig, seriös und kompetent zu wirken, aber auch machtvoll und zum Umfeld passend. Orientieren Sie sich an den Erwartungen, die an die von Ihnen angestrebte Rolle geknüpft sind. Finden Sie einen Kompromiss mit dem, was Ihnen persönlich gefällt.

Checkliste: Ihr machtvolles Outfit

Frauen:

- Kostüm, Hosenanzug, keine grellen oder Pastellfarben, hohe Stoffqualität; legerer: Rock / Hose mit Bluse oder Twinset; Rock nicht kürzer als Handbreit über dem Knie
- feine Baumwoll- oder Seidenblusen, edle Shirts
- Schuhe hochwertig und gepflegt, max. 6-cm-Absatz, auch im Sommer zumindest vorne geschlossen
- feinmaschige Strümpfe, auch im Sommer
- nicht viel Haut zeigen, nicht zu sexy stylen, dezentes Make-up, keine überlangen und stark farbigen Nägel

Männer:

- Anzug in gedeckter Farbe, hohe Stoffqualität; legerer: Kombination; Hosensaum liegt vorne am Schuh auf und endet hinten zwischen Mitte der Ferse und Absatzanfang (je nach Saumweite); unterster Knopf bleibt bei Einreiher und Weste immer offen

- weißes oder dezent farbiges Hemd, dezente Muster
- Schuhe hochwertig und gepflegt, am besten schwarz
- Strümpfe in uni, farblich zu Hose oder Schuh passend, lang genug, dass im Sitzen keine Haut zu sehen ist
- Gürtel in Schuhfarbe, klassisch gemusterte Krawatte

Wichtige Tipps für beide:

- Parfum und Aftershave nur sparsam dosieren!
- Knitter, Flecken, Fransen, ungepflegte Haare sind tabu!
- Verzichten Sie auf auffällig platzierte Designernamen!

Wirkungsmittel Begrüßungszeremonie

Der Einstig in den persönlichen Kontakt wird durch das Begrüßungsritual hergestellt. Hier kommt es auf Ihre Körpersprache und das Beherrschen der Verhaltensnormen an.

Checkliste: Körpersprache

1. Stellen Sie einen offenen Blickkontakt her.
2. Lächeln Sie Ihren Partner freundlich an.
3. Zeigen Sie eine aufrechte Körperhaltung, ohne auf den anderen herabzusehen.
4. Halten Sie respektvollen Abstand, weder zu distanziert noch zu vertraulich. Faustregel: zwei Unterarmlängen.
5. Achten Sie auf einen mittleren Händedruck: Der „tote Fisch" wirkt ebenso negativ wie der „Schraubstock".
6. Stimmen Sie die Dauer des Händedrucks auf Ihr Gegenüber ab. Wenn er locker lässt, tun Sie das auch.

Gerade in formellen Situationen ist heute wieder stärker Etikette gefragt. Beachten Sie zunächst die Rangfolge: Man unterscheidet zwischen „niederem" und „höherem" Rang. Im beruflichen Umfeld ist dabei die Berufsrolle ausschlaggebend, unabhängig von Alter und Geschlecht einer Person.

Der Ranghöhere erfährt zuerst, mit wem er es zu tun hat. Deshalb nennt der Rangniedere seinen Namen zuerst und wartet, dass der andere ebenfalls seinen Namen nennt und dann die Hand reicht. Achtung: Der Ranghöhere entscheidet, ob er den Handschlag möchte oder lieber auf Distanz bleibt. Sprechen Sie den anderen auch im Gespräch einige Male mit Namen an, das wertet ihn auf und macht Sie sympathisch.

Checkliste: Rangfolgen

	Rangniederer	**Ranghöherer**
gesellschaftlicher Rahmen	Herr deutlich Jüngerer	Dame deutlich Älterer
beruflicher Rahmen	Mitarbeiter Lieferant	Führungskraft Kunde
zusätzlicher Rahmen	Gast	Gastgeber

Vorgestellt werden durch Dritte

Dem Ranghöheren wird der Rangniedere zuerst vorgestellt: „Frau Boss, ich möchte Ihnen Herrn Neu vorstellen, der die Vertretung macht. Herr Neu, das ist unsere Leiterin, Frau Boss." Der Vorstellende kann dabei mit der offenen Handfläche auf die jeweils benannte Person deuten. Wer vorgestellt wird, sagt einfach „Guten Tag" bzw. „Guten Abend".

Akademische Titel

Der Doktor oder Professor gehört zum Namen und muss von anderen immer genannt werden, bei mehreren Titeln nur der höchste. Titel werden nicht auf den Ehepartner übertragen. Stellt ein Titelträger sich selbst vor, nennt er seinen Titel nicht. Titelträger untereinander verzichten meist auf die Nennung.

Stellen Sie sich ins Rampenlicht!

Die klassische Karriereleiter wird zunehmend zum Auslaufmodell. Zukünftig werden sich immer mehr Arbeitnehmer über Projekte und die Erweiterung ihres Aufgabengebietes profilieren. Setzen Sie daher nicht allein darauf, dass Ihr Vorgesetzter erkennt, welche Perle Sie sind. Gerade wenn Ihr Umfeld öfter wechselt, müssen Sie anderen Ihre Qualitäten vor Augen halten. Ihr Motto: Tue Gutes und rede darüber. Ihre Strategie: als Kompetenz- und Informationsträger wertvoll werden. Ihr Ziel: den eigenen Marktwert steigern.

Übung: Berufliche Bestandsaufnahme

Lassen Sie Ihren beruflichen Weg Revue passieren. Zeichnen Sie diesen Weg auf einem Blatt als gerade, schräge oder kurvige Linie. Markieren Sie den Punkt, an dem Sie heute stehen. Markieren Sie Höhe-, Tief- und Wendepunkte mit einem Symbol. Führen Sie dann Ihre Linie in die Zukunft weiter: Wie soll Ihre Entwicklung weitergehen? Fragen Sie sich: Was können und müssen Sie dafür tun? Bauen Sie die folgenden Anregungen in Ihre Strategie ein.

Kommunizieren Sie Ihre Erfolge!

Stellen Sie Ihr Licht nicht unter den Scheffel. Halten Sie sich dazu noch mal die Positivlisten vor Augen: Ihre Anerkennungsliste, Ihre Produktstärken, Ihre Bestandsaufnahme. Überlegen Sie sich: Bei welchen Gelegenheiten könnten Sie zukünftig Entscheidern, Meinungsmachern und Kollegen über Ihre Erfolge berichten? Geben Sie dabei nicht den Tarzan, sondern informieren Sie sachlich und nachvollziehbar, was Ihren Erfolg ausmacht, wozu er der Firma nützt und wie Sie das geschafft haben. Achtung: Schmücken Sie sich nicht mit fremden Federn, erwähnen Sie ggf. lobend die Unterstützung anderer, aber seien Sie auch nicht zu bescheiden!

Profilieren Sie sich als Experte!

Wer von anderen um Rat gebeten wird und wem verantwortungsvolle Aufgaben zugetraut werden, der hat als Kompetenzträger und Vertrauensperson einen hohen Marktwert. Diesen Status erreichen Sie, indem Sie Ihre Person in der Wahrnehmung anderer mit bestimmten Themen verknüpfen. Überlegen Sie anhand der folgenden Liste, welche Themen dies für Sie sein können:

1 Wann fühlen Sie sich glücklich im Beruf? Welche Dinge, Tätigkeiten, Ereignisse tragen dazu bei?

2 Was beherrschen Sie wirklich gut? Was können Sie besser, worüber wissen Sie mehr als viele andere im Umfeld?

3 Wo gibt es zusätzliche Aufgaben und aktuelle Problemstellungen in Ihrem Umfeld? Welchen Lösungsbeitrag könnten Sie dazu leisten?

4 Welche Mittel und Möglichkeiten haben Sie – auch bisher ungenutzte –, hier in der erforderlichen Qualität Zeichen zu setzen, ohne dass Ihr regulärer Job leidet?

5 Welche Möglichkeiten haben Sie, Ihre Ideen und Erfolge einem größeren Publikum zu präsentieren (Fach-, Hauszeitschriften, Firmenveranstaltungen, Tagungen usw.)

6 Was davon ist am vielversprechendsten im Verhältnis von Aufwand und Ertrag? Wo liegen Zukunftschancen?

Achtung: Definieren Sie Ihre Grenzen! Lassen Sie sich nicht zum Mädchen für alles machen und ausnutzen.

Positionieren Sie sich in Meetings!

Jede Art von Besprechung ist eine Chance, sich ins rechte Licht zu setzen. Nutzen Sie diese Gelegenheit, Ihre umfassenden Kenntnisse, fundierten Vorschläge, konstruktive Kritik einem meinungsbildenden Fachpublikum zu präsentieren. Beherzigen Sie dabei einige Grundregeln:

- Wenn Sie sich Anwesenden vorstellen, nehmen Sie Haltung an und Blickkontakt auf und nennen Sie deutlich Ihren Namen und Ihre Funktion. Das wirkt selbstbewusst und macht klar, dass Sie Kompetenz beizusteuern haben.

- Bereiten Sie sich gut vor, machen Sie keine halbgaren Vorschläge, es sei denn, Brainstorming ist angesagt.
- Nehmen Sie sich vor, eine Mindestzahl von Wortbeiträgen zu leisten. Ziehen Sie das durch, sonst bleiben Sie eine graue Maus, der man nicht viel Eigeninitiative zutraut. Stimmen Sie Anzahl und Art Ihrer Meldungen auf Anlass und Gruppengröße ab. Viele seichte Anmerkungen in einer Runde von Leistungsträgern wirken geschwätzig. Zu wenig Beiträge in kleiner Runde wirken schüchtern. Persönliche Themen in kleiner Runde machen sympathisch, in großer Runde wirken sie deplatziert.
- Machen Sie sich nicht zur Jammergestalt, indem Sie überwiegend Negatives aufzeigen und ständig Bedenken tragen. Wenn Sie welche haben, machen Sie einen konstruktiven Vorschlag dazu.
- Stehen Sie in großen Runden auf, wenn Sie längere Ausführungen machen, damit Sie wahrgenommen werden.
- Vermeiden Sie verbale Weichspüler, benutzen Sie eine kraftvolle, interessante Sprache mit kurzen, prägnanten Sätzen und Schlüsselwörtern, die
  - Aufmerksamkeit wecken: neu, sensationell, interessant, revolutionär, großartig ...
  - Kompetenz betonen: erfahrungsgemäß, fundiert, verantwortungsvoll, zielgerichtet, sorgfältig, treffend ...
  - Wichtiges unterstreichen: entscheidend, wesentlich, maßgeblich, wichtig, unverzichtbar, absolut ...

- Aktualität betonen: Setzen Sie fachbezogene Trendwörter gezielt und äußerst sparsam ein. Damit zeigen Sie sich auf der Höhe der Zeit und vermeiden gleichzeitig, dass Sie als Sprechblasenproduzent eingestuft werden. Vermeiden Sie auf jeden Fall Fachjargon, wenn Sie nicht sicher sind, dass alle ihn verstehen.

- Lassen Sie sich nicht ständig unterbrechen. Setzen Sie Ellbogen ein: „Jetzt lassen Sie mich bitte ausreden." „Ich bin noch nicht fertig." „Ich habe Sie ausreden lassen, jetzt bin ich dran." „Moment, ich möchte noch etwas sagen."
- Rechtfertigen Sie sich nicht für Ihre Meinung.

Knüpfen Sie Netzwerke!

Im heutigen Berufsleben brauchen Sie soziale Querverbindungen, um sich durchzusetzen. Ihr Netzwerk sind die Menschen innerhalb und außerhalb des Unternehmens, die Sie fördern und auf vielfältige Art unterstützen können. Gerade in Krisensituationen ist ein kurzer Draht nützlich, um Probleme rasch aus der Welt zu schaffen.

Ihr Netzwerk hilft Ihnen auf unterschiedlichen Ebenen:

- emotional: Verständnis, Sympathie, Anerkennung, Wertschätzung, Bestärkung, Beistand
- fachlich-informativ: Tipps, Hinweise, Ratschläge, Feedback, Ideen, Informationen (auch über wichtige Vorgänge, andere Personen, Verflechtungen und Abhängigkeiten)

- praktisch: Hilfe bei einer Aufgabe, Vermitteln von Kontakten, Fürsprache bei anderen, Versorgen mit Ressourcen

Vergessen Sie nicht, dass Netzwerke strategische Allianzen sind, die jedem Partner einen Nutzen bringen sollen, keine Kuschelgruppen. Entsprechend sollten Sie einige Prinzipien beherzigen.

Checkliste: Regeln für erfolgreiches Networking

▪ Langfristigkeit berücksichtigen: Gute Beziehungen sind das Resultat einer Vielzahl von Kontaktsituationen. Gehen Sie also nicht davon aus, dass Ihnen jemand zur Messezeit sein Schlafsofa zur Verfügung stellt, nur weil Sie ihm einmal freundlich die Hand geschüttelt haben.
▪ Geben und Nehmen ausgleichen: Sie müssen sich nicht für jede Geste sofort revanchieren, aber auf lange Sicht sollten Sie auf ausgeglichene Bilanzen achten. Seien Sie auch selber bereit, Informationen und Gefälligkeiten zu liefern, ggf. aus eigener Initiative. Distanzieren Sie sich, wenn Sie trotz Ihrer Bitten nie etwas zurückbekommen. Akzeptieren Sie, wenn ein anderer etwas für Sie tut, und vergessen Sie nie, sich zu bedanken.
▪ Privatsphäre schützen: Gravierende private Probleme (Gesundheit, Beziehungen, Finanzen usw.) sollten Sie für sich behalten. Sie wissen nie, welche Wege solche Informationen nehmen oder wie sich die Netzwerkbeziehung entwickelt.

- Loyal bleiben: Stimmen Sie nicht in Klagelieder über Dritte ein, führen Sie solche Gespräche auf die Sachebene zurück. Der Feind von heute entpuppt sich oft als der Verbündete von morgen, und wie wollen Sie ihm dann in die Augen sehen? Nur Integrität schafft Freunde!
- Beziehung pflegen: Frischen Sie Ihre Kontakte regelmäßig auf, sei es durch postalische Grüße, ein Telefonat oder ein Treffen. Sie verstärken die Beziehung, wenn Sie tatkräftig hilfsbereit sind und dem anderen durch echtes Interesse und ernst gemeinte Komplimente positive Anerkennung spendieren.

So bauen Sie Ihr berufliches Netzwerk auf

1. Bestandsaufnahme: Welche Kontakte haben Sie innerbetrieblich, außerbetrieblich, privat? Wie ist die Qualität der Beziehungen? Welche möchten Sie ausbauen mit welchem Ziel? Welche möchten Sie lieber lose halten, welche ganz kappen, weil Sie sie belasten?
2. Welche Personen möchten Sie gerne kennen lernen? Wer könnte ein wichtiger Partner sein? Welches Ziel haben Sie, wie wünschen Sie sich die Qualität der Beziehung auf einer Skala zwischen „sehr persönlich" und „lose kennen"?
3. Welche Mittel und Möglichkeiten haben Sie, die gewünschten Beziehungen zu gestalten?
4. Wem können Sie mit Ihren Kenntnisse und Fähigkeiten nützen? Wer könnte Ihnen dafür zukünftig etwas bieten?

5 Wo können Sie am besten Kontakte knüpfen, um neue Beziehungen aufzubauen?

- Innerbetrieblich (z. B. Arbeitsgruppen, Kollegenstammtisch, Betriebssport, Weiterbildung)
- außerbetrieblich (z. B. Organisationen, Vereine, Berufsverbände, Seminare)
- Wie können Sie dabei vorgehen?

6 Welche privaten Beziehungen liegen Ihnen am Herzen, die Sie als Ausgleich brauchen und die Sie auf keinen Fall vernachlässigen woilen?

Literaturverzeichnis

Asgodom, S.: Eigenlob stimmt. Erfolg durch Selbst-PR, Düsseldorf 2003

Branden, N.: Die sechs Säulen der Selbstachtung, in: Psychologie heute, 11/1994, S. 27

Fisher, R., Ury, W., Patton, B.: Das Harvard-Konzept. Sachgerecht verhandeln – erfolgreich verhandeln, Jubiläumsausgabe, Frankfurt / Main 2000

Jandt, F.: Konfliktmanagement. Wie beide Seiten gewinnen können, München 1994

Lehner, B.: Selbstsicher werden, Weinheim und Basel 1996; Selbstsicher handeln, Weinheim und Basel 1993

Lürssen, J.: Die heimlichen Spielregeln der Karriere, Frankfurt / Main 2003

Maaß, E., Ritschl, K.: Coaching mit NLP, Paderborn 1997

Seiwert, L. J.: Wenn Du es eilig hast, gehe langsam, Jubiläumsausgabe, Frankfurt / Main 2003

Wagner-Link, A.: Kommunikation als Verhaltenstraining. Arbeitsbuch für Therapeuten, Trainer und zum Selbsttraining, München 2001

Stichwortverzeichnis